SPANIEN

FULVIO ROITER

ATLANTIS

Atlantis Verlag Zürich und Freiburg im Breisgau

ISBN 3 7611 0388 3
Printed in Switzerland

Einleitung von Hugo Loetscher

Für Evelyne und Jessica

Über Spanien schreiben, heißt Vorstellungen berichtigen. Spanien ist für das übrige Europa die unbekannteste Kulturnation geblieben. In einem Maße, daß man mit Selbstverständlichkeit von einem deutschen oder französischen Europa spricht, von einem italienischen oder englischen, aber kaum von einem spanischen Europa.

Über Spanien schreiben, heißt aber nicht nur Vorstellungen berichtigen, die Spanien angehen, sondern auch solche, welche Europa betreffen.

Was den Deutschen fremd vorkommt, kommt ihnen schon spanisch vor. Man könnte sagen, was eben weit weg liegt, darf einem exotisch erscheinen, und schließlich liegt Madrid von München und Zürich so weit weg wie Moskau. Aber Spanien kommt einem nicht spanisch vor, weil es weit weg liegt. Das machen die Franzosen deutlich, die nordöstlichen Nachbarn. Die müßten eigentlich informiert sein; aber es waren gerade sie, welche die Boutade in die Welt setzten, hinter den Pyrenäen fange Afrika an.

Wenn also Spanien dem übrigen Europa fremd vorkommt, dann hat dies nicht einfach mit seiner abseitigen Geographie zu tun. Spanien scheint aus andern Gründen nicht recht ins europäische Bild zu passen.

Nun besitzt Spanien tatsächlich seine besondere Geographie, die das Land an den Rand Europas verweist. Das mag schon einiges erklären. Und dann verhält es sich erst noch so, daß sich Spanien abzuschirmen scheint, und gleich zweimal: erstens einmal topographisch mit den Pyrenäen, die eine Fortsetzung der Alpen sind, aber sich hier wie ein Riegel ausnehmen. Und dann hat Spanien zwischen sich und Resteuropa ein Zwischenland eingeschoben, ethnisch wie sprachlich. Überschreitet man die Pyrenäen, stößt man zu-

nächst auf Basken und Katalanen, Völkergruppen, die nicht spanisch reden und die im gleichen Maße zu Spanien gehören, wie sie sich davon absetzen. Ja, Spanien scheint sich abzuschirmen und sich nicht auf den ersten Blick offenbaren zu wollen. Die Geographie könnte also einiges erklären. Aber verfolgt man die Geschichte, wird man bald feststellen, daß diese Geographie während Jahrhunderten alles andere denn trennte. Die Randlage vermochte nichts gegen eine Politik der Militärs und der Heiraten, nichts gegen politische und ideologische Konzeptionen, die nicht vor jenen Grenzen haltmachten, die man als natürliche zu bezeichnen pflegt. Gebirge verlocken die Binnenländer wie das andere Ufer jene, die an der Küste wohnen.
Zur römischen Zeit bildete Spanien nahezu sechshundert Jahre eine Provinz, welche Rom näherstand als manch andere, die näher lag. Aus Spanien sind oppositionelle Stoiker, wie die beiden Seneca, gekommen, aus dieser Provinz stammt der bedeutendste lateinische Epigrammendichter Martial, der Historiker Lucan und der Rhetor und Prinzenerzieher Quintilian. Aus dieser spanischen Provinz kamen auch jene Kaiser, Trajan und Hadrian, welche das zweite nachchristliche Jahrhundert geprägt haben.
Sosehr sich Spanien als römisches Territorium eignete, so sehr sollte sich tausend Jahre später Italien für die spanische Herrschaft eignen. Nahezu dreihundert Jahre dauerte die spanische Herrschaft über italienische Besitzungen wie das Königreich Neapel und Sizilien; Sizilien gehörte zu Spanien, ehe eine Stadt wie Granada dazu gehörte.
Nun ist Spanien ein Mittelmeerland. Dieses Binnenmeer hat die Anrainer immer wieder verführt und eingeladen, es als Mare nostrum zu betrachten.

Auch Spanien. Insofern gehört die Insel Sizilien genau wie Mallorca und das vielumstrittene Menorca zu einer mediterranen Konzeption spanischer Macht. In der Folge allerdings sollte Spanien dann sein Reich jenseits der Pyrenäen aufbauen, in Zentraleuropa, und Spanien betrachtete nicht das Mittelmeer, sondern den Atlantik als Mare nostrum.

Zu seiner Glanzzeit hatte ein spanischer Kaiser wie Karl V. (1519–1556) über den Großteil Europas geherrscht, das ganze Habsburgerreich wurde von einem Spanier regiert. Und als dieses Mammutreich auseinanderfiel, verblieben Spanien immer noch Holland, Teile in Frankreich und Italien und alle Kolonien in Süd-, Zentral- und Nordamerika.

Nun liegt Spanien aber tatsächlich am Rande, sofern man von Zentraleuropa aus denkt und insofern man vom alten Griechenland aus dachte. Die Antike nannte das äußerste Ende der Welt im Westen die Hesperiden; damit wurde zunächst Italien und dann Spanien bezeichnet. Dort lagen auch die Säulen des Herakles, die eine bei Gibraltar und die andere in Nordafrika bei Ayala. Aber Spanien lag nie am Rande wie Portugal. Dieses hatte ein Spanien im Rücken, das viel mächtiger wirkte als die gesamten Pyrenäen. Portugal konnte keinen europäischen Part spielen. Es hatte sich fernzuhalten. Es besitzt die ältesten Grenzen in Europa. Sein Blick ging notgedrungen auf den Ärmelkanal, England ist sein ältester und treuester Verbündeter, sein Blick ging auf den Atlantik und damit auf Übersee.

Die Randlage Spaniens aber war immer die eines Brückenpfeilers. Der andere Pfeiler lag in Nordafrika. Man kann die Säulen des Herakles auch so verstehen.

Hier kommen die beiden Kontinente sich sehr nahe. Nur dreißig Kilometer liegen die nordafrikanische und die spanisch-europäische Küste auseinander. Man kann von dem einen Ufer aufs andere schauen. Das Auge schlägt bereits die Brücke, auf der dann Völker mit ihren Soldaten und Wissenschaftern, mit ihren Händlern und Propheten übersetzten.
Von Afrika aus drangen die Iberer ein, nach welchen die Halbinsel heißt; sie verbanden sich mit den Kelten zu den Iberokelten, zu denen auch die Lusitanier gehören, welche Portugal und Südspanien bevölkerten.
Über diese Brücke kamen die Karthager, an die noch eine Stadt wie Cartagena erinnert. Und über diese Brücke drangen dann in anderer Richtung die Vandalen vor. Und dann kamen auf dieser Brücke die Muslims. Berberstämme, die man summarisch als Araber bezeichnete. Die vage Benennung «Mauren» trifft schon genauer, weil damit keine Stämme anvisiert werden, sondern einfach jene gemeint sind, welche der Glaube an Mohammed verbindet und die auch so feindlich untereinander sein konnten wie nur Brüder.
Und über diese Brücke errichteten die Spanier ihre Brückenköpfe und Stützpunkte in Nordafrika. Ceuta ist eine spanische Hafenstadt. Für einige Zeit übte ja Spanien auch, gleichsam grenznachbarlich, ein Protektorat über einen Teil von Marokko aus. Und über diese Brücke kamen 1936 die Truppen Francos, welche in Nordafrika stationiert gewesen waren. Von hier setzten sie über, um dann als Nationalisten die Republik niederzuschlagen. Was sich für Zentraleuropa als Rand ausnimmt, erweist sich als Übergang.
Diese Janus-Geographie aber gilt nicht nur für den Mittelmeerraum. Nicht nur für die Verbindung zweier Kontinente. Hier wurde die Brücke zu einem

dritten geschlagen. Wo einst die Welt aufgehört hatte, fing eine neue Welt an. Von hier war man ausgefahren, um den direkten Weg nach Indien in westlicher Richtung zu finden, und man hatte Westindien gefunden, das sich als Amerika entpuppte. Die Neuzeit hatte unter spanischem Vorzeichen angefangen.

Spanien ist somit ein Territorium, das sich wie kein zweites für Begegnung und Zusammenprall eignet, für ein Zusammenleben und für ein Sich-alles-streitig-Machen. In keinem andern europäischen Land sind sich zwei Kontinente so begegnet wie in Spanien. Sicherlich, auch Osteuropa kannte den Einfall von Kleinasien her, die Invasion der Türken. Aber die Umklammerung im Osten blieb eine rein militärische Aktion. Wenn es zur Besetzung kam, ging sie nicht über eine bloße Besatzungspolitik hinaus. In Spanien aber wurde die Invasion ein kulturelles Ereignis.

Die Begegnung von Morgenland und Abendland fand im äußersten Westen Europas statt. So besitzt Spanien im Süden eine der eigenständigsten Regionen Europas. Hier kann man die schönsten Bauten muslimscher Architektur bewundern. Hier kann man die Moschee von Córdoba besuchen, hier findet man in Granada neben einer königlichen Grabkapelle auch eine Alhambra. Aber nicht nur zu einem Zusammenleben war es gekommen, sondern auch zu einer Mischung: Es kam zum Typus des Mozarabers. So wurde jener Spanier genannt, der seinen christlichen Glauben unter maurischer Herrschaft behalten durfte und der sich in Sitten und Umgang den Mauren angepaßt hatte. Noch heute wird in der Kathedrale von Toledo, trotz des Widerstands von Rom, ein Gottesdienst in mozarabischer Liturgie gelesen.

Es kam zum Typus des Mudejar. Zu jenen Muslims, die unter christlicher Herrschaft ihren Glauben behalten konnten. Da sie zum großen Teil Künstler und Kunsthandwerker waren, wurde die Benennung auf ihre Werke übertragen. Der Mudejarstil vereint arabische und christliche Elemente, er kam vom dreizehnten bis zum sechzehnten Jahrhundert zur Anwendung. Der Alcazar in Sevilla ist dafür ein glanzvolles Beispiel.

Spanien war insofern ein Territorium der großen, aber auch der verpaßten Chancen. Denn sosehr dieses Spanien das Nebeneinander duldete und die Mischung möglich machte, es war zugleich ein Terrain des Zusammenpralls, wo auf beiden Seiten Fanatismus gepredigt und wo zum «djihad», dem Heiligen Krieg, aufgerufen wurde, auf seiten der Spanier wie der Mauren.

Es waren ja nicht nur verschiedene Völker und Rassen, die sich hier zusammengefunden hatten, sondern zwei verschiedene Religionen. Für das christliche Europa ging daher die spanische Sache über Spanien hinaus. Die Mauren hatten bei ihrer Eroberung Europas ihre entscheidende Niederlage in Frankreich erlebt. Damit waren sie aber nur zurückgedrängt, jedoch nicht vertrieben worden. So beteiligte sich Frankreich an den Feldzügen gegen die Mauren, militärisch wie intellektuell über seine Orden von Cluny und die Zisterzienser. Mit Frankreich engagierten sich auch Deutschland und Italien. Es war ein internationaler Feldzug, zu dem aufgerufen wurde. Ehe es zu den europäischen Kreuzzügen gekommen war, waren in Spanien bereits internationale Truppen gegen die Muslims angetreten.

Spanien scheint sich für den internationalen Konflikt zu eignen. Nicht nur in dem Sinne, daß es das Schlachtfeld dafür abgäbe, sondern so: daß der spanische Konflikt schon immer die Internationalität enthielt. Das sollte auch das zwanzigste Jahrhundert erfahren, wo der Spanische Bürgerkrieg zu einem internationalen Politikum wurde. Für die Welt ging es um eine Schlacht zwischen Kommunismus und Faschismus, politische Weltkräfte maßen hier ihre Möglichkeiten. Spanien war zur Probebühne des Zweiten Weltkrieges geworden, nur daß dann die Hauptaufführung anders ausging als die Probe. Zusammenleben und vertreiben, sich mischen und sich gegenseitig ausschließen: die Dramatik der spanischen Geschichte ist zwischen Toleranz und Ausschließlichkeit angelegt, am Ende sollte sie sich zur Ausschließlichkeit entscheiden.

Aber immerhin, es hatte dieses Zusammenleben eine Zeitlang gegeben. Insofern kennt Spanien eine der humansten Epochen. Und dies trotz aller Verfolgung und Pogrome, trotz aller Hetzen und trotz allen Mißtrauens. Dabei hatte es sich ja nicht nur um zwei Völkergruppen und zwei Religionen gehandelt, sondern um drei. Neben den Mauren und den Spaniern arbeiteten und wirkten die Juden. Sie gehörten zu Spanien wie zu keinem andern westeuropäischen Land. Diese Juden nahmen am Geschick Spaniens sowohl als orthodoxe wie als getaufte Juden teil. Zu den Verteidigern der spanischen Orthodoxie, sowohl der politischen wie der religiösen, sollten getaufte Juden gehören.

In dieser Zeit des Zusammenlebens erlebte Spanien auch seine Aufklärung – ein Wort, das man nicht unbedingt mit Spanien in Zusammenhang bringt. Aber die Araber hatten die antike Überlieferung mitgebracht, das wissenschaftliche Denken eines Aristoteles weitergegeben. So bemühte sich im zwölften Jahrhundert in Südspanien Averroes (etwa 1120–1198) mit seiner Schule um ein begriffliches Denken, das sich vom theologischen unterscheiden sollte. Und im gleichen Córdoba wurde der Arzt und Religionsphilosoph Maimonides geboren. Moises de Maimon (1135–1204) wurde ein Begründer des modernen Rationalismus, indem er sich bemühte, Gott aus der Vernunft zu begründen. Damit wurde wichtigste Vorarbeit weit über die mittelalterliche Philosophie hinaus geleistet. Es war also in Spanien, wo der erste europäische Aufbruch des Rationalismus stattfand, und das war möglich dank einem Araber und einem Juden.

Angesichts dieser Dreiergruppe von Spaniern, Arabern und Juden erweist sich denn auch das Spanische immer als etwas, das sich aus andern und aus mehr als einer Quelle nährt.

Der Flamenco, der so unabdingbar spanisch zu sein scheint, geht aller Wahrscheinlichkeit nach auf den Muezzinruf zurück, wobei sich jüdische Tradition hineinmischte. Und eine Mystikerin wie Teresa von Avila (1515–1582), eine der grossen katholischen Heiligen und Dichterinnen, deren Verse zum Inbegriff spanischer Religiosität wurden, hat jüdische Vorfahren. Um nur zwei Beispiele zu nennen.

Nein, nirgendwo in Europa trifft man auf eine solch faszinierende Mischung. Sicherlich, auch andere Völker mischten sich. Aber nirgendwo standen sich drei so ausgeprägte und grundsätzlich verschiedene und hochentwickelte Rassen und Konzeptionen gegenüber. Die Toleranz, die als Chance da war, war nicht nur ein bloßes Dulden, sie führte zu einem neuen Wert der Mischung und gegenseitigen Durchdringung.

Dem entsprach später auch eine Kolonialpolitik, welche die Blutsmischung nicht nur duldete, sondern forderte. Damit schufen die Spanier in ihrem Kolonialreich jene Mischrasse, welche heute nach einer eigenen Konzeption von Gesellschaft sucht. Sie hinterließen den Kolonien die Verlegenheit, kein reines Blut zu besitzen, und anderseits den Triumph, über diesem Blut zu stehen – das lateinamerikanische Thema par excellence. Doch was in diesen Kolonien nicht mehr rückgängig gemacht werden konnte, in Spanien sollte es korrigiert werden.

Denn dieses Spanien, das der Mischung so viel verdankte, erfand den Kult des reinen Blutes, die «limpieza del sangre». Eine Art Arierausweis, der seine Legitimität in der Orthodoxie ansiedelte. Die Orthodoxie des Blutes wurde identisch mit der Orthodoxie des Glaubens. Das Land entschloß sich mit aller Konsequenz der Inquisition zur Ausschließlichkeit. An sich wachte diese nur über die Reinheit des Glaubens. Aber alles, was nicht spanischen Blutes war, wurde schon im voraus der Häresie verdächtigt. Das Land verteidigte den Katholizismus, zog aus, um zu taufen, und konnte nicht verstehen, daß es gerade die Taufe war, welche ja das Blut als Voraussetzung aufheben sollte.

Wie sehr sich aber Spanien auch um die Reinheit des Blutes bemühte, es kann die Tatsache nicht leugnen, daß es ein äußerst heterogenes und disparates Erbe hat. Dabei zeigt es sich immer wieder, daß Spanien reicher ist, als manche Verteidiger Spaniens es wahrhaben wollen.

Es hat eine römische Vergangenheit. Seine Sprache kommt aus dem Lateinischen, einem zum Teil sehr konservativen Lateinisch, wie man in einzelnen

Strukturen nachweisen kann; aber anderseits findet man in der Grammatik Regeln, welche einer voreiligen Phantasie Rechnung tragen. An dieses römische Erbe erinnert eine Stadt wie Merida oder die Mauern von Tarragona oder der Aquädukt von Segovia.

Aber Spanien hat nicht nur ein römisches, sondern auch ein (west)gotisches Erbe. Es wurde zwar immer wieder nachgewiesen, daß die Goten nicht wirkliche Spanier gewesen seien. Diese Westgoten waren als arrianische Ketzer nach Spanien gekommen. Unter Recared (568–601) traten sie zum römischen Katholizismus über. Ihre Hauptstadt Toledo wurde zu einem katholischen Zentrum, wo unzählige Konzile abgehalten wurden. Noch heute nimmt der Erzbischof von Toledo die höchste Stelle in der spanischen Kirche als Primas ein. Die älteste Kirche Spaniens ist ein westgotischer Bau, San Bautista in Baños de Cerrato. Die Westgoten legten aber nicht nur das katholische Fundament. Sie hinterließen auch eine Gesetzessammlung, deren Vorstellungen nachhaltig wirkten.

Als am Ende die Spanier über die andern Völkergruppen triumphierten, siegte nicht ein einheitlicher spanischer Typus, denn einen solchen gab es gar nicht, er blieb eine Forderung und eine Fiktion bis heute. Über die Spanier selber hatten die Kastilier den Sieg davongetragen. Die Führung wurde aber nicht nur militärisch und politisch übernommen. Seitdem Madrid 1561 zur Hauptstadt wurde, bildete sie auch ein künstlerisches und literarisches Zentrum. Die Namen des «Goldenen Zeitalters» gruppieren sich um Madrid. Dazu gehört ebenso ein Tirso de Molina (etwa 1584–1648) wie der große Dramatiker Pedro Calderón de la Barca (1600–1681). Hier wurde auch schöpferisch hofgehalten. Es gibt keinen europäischen Hof, der im gleichen Umfang und mit gleicher Konsequenz Bild wurde – dank den Gemälden des Sevillaners Diego Rodríguez de Silva y Velázquez (1599–1660).

Aber von den dreiunddreißig Millionen Spaniern reden heute fünf Millionen katalanisch. Und eine halbe Million spricht baskisch. Und die Galizier gehören linguistisch zu Portugal. Und den Kastilier gilt es noch einmal vom Andalusier abzugrenzen. Und dann dürfen die Zigeuner nicht unterschlagen werden, die zwar zahlenmäßig nicht bedeutend sind, aber als Typus zum Panoptikum Spaniens gehören. Der Vielfalt der Gesichter entspricht die Vielfältigkeit der Landschaft. Es ist ein Klischee, bei jedem Land davon zu reden, denn jede Begegnung mit einem Land korrigiert zunächst einmal eine stereotype Vorstellung. Aber in Spanien ist das Gefälle von der einen Landschaft zur andern größer als anderswo in Westeuropa, von der steppenähnlichen Meseta bis zur Garten- und Irrigationslandschaft der Levante und Andalusiens, von den Küsten zu den Gebirgen. Spanien ist neben der Schweiz das gebirgigste Land und Madrid die höchstgelegene Hauptstadt Europas. Da ist ein Norden, der zu den regenreichsten Gebieten gehört, und ein Süden, der regenarm ist. Ein Boden, der alles verweigert und der alles gibt.

Man hat die Varietät im Menschlichen und die Vielfalt in den Mentalitäten stets als Begründung dafür genommen, daß man ein Land wie Spanien nur mit starker Hand regieren könne, sofern man es zusammenhalten wolle – sei es über die Inquisition, was die Religion betrifft, oder sei es über die Diktatur, was die Politik angeht. Der Zentralismus und der Regionalismus sind nicht nur Stichworte für die Administration, sondern für die Psyche der Spanier.

Eine Zentrale, die versucht, alles in den Griff zu bekommen, und der Versuch, diesem Griff zu entgehen. Die absolute Orthodoxie und eine Opposition, die unter Umständen schon zufrieden ist, einfach Opposition zu sein. Dem strengen Gesetz der Ausschließlichkeit wird die Freiheit des Anarchismus entgegengesetzt. Es ist nicht zufällig, daß vor allem anarchistische Ideen im neunzehnten Jahrhundert in Spanien Eingang fanden. Und es ist bezeichnend, daß die Spanier an die Anarchie glaubten wie an die Mutter Kirche, nur daß es eben diesmal die «Mutter Anarchie» war.
Man kann auch nur in diesem Zusammenhang den vielerwähnten spanischen Individualismus verstehen. Er wird zum Teil aus der regionalen Verschiedenheit abgeleitet. Er wird historisch aus dem Krieg gegen die Ungläubigen erklärt, da der Kampf gegen die Muslims der Einzelinitiative des Ritters einen großen Spielraum übrigließ und übriglassen mußte. Denkt man an die Eroberung von Mexiko und Peru, dann sieht man, in welchem Maße alles vom Einsatz und der Hartnäckigkeit eines Einzelnen abhing, von seinem persönlichen Mut und von seinem persönlichen Verrat. In einem Maße, daß die Regierung in Madrid diesen Eroberern mißtraute und sie nicht als künftige Statthalter wünschte. Aber dieser spanische Individualismus ist auch als eine Form der Opposition zu verstehen. Sofern sich Opposition formierte, wurde sie niedergeschlagen. Der Aufstand der Comuneros, der Städte gegen die Zentralregierung, blieb ohne Erfolg. Damit wurde auch die Bildung einer bürgerlichen Schicht verhindert. Damit erhielt auch die demokratische Tradition in Spanien ihre erste Niederlage – der sich Jahrhundert um Jahrhundert bis ins unsrige andere anfügten.

Wo sich die Opposition nicht formieren kann oder nicht formierte, wird der Individualismus zu jenem Bereich, wo sich die Freiheit demonstrieren kann. Allerdings nur so lange, als er nicht aufs Ganze oder an die Gemeinschaft geht. Dieser Individualismus beruht also immer zugleich auf einer Absprache mit dem Establishment, auch wenn er dagegen antritt. Eine Ausdrucksform religiöser Art dieses Individualismus ist ja die Mystik, der direkte und persönliche Zugang zu Gott, wobei der Dienstweg über Rom oder Madrid vermieden wird. Nicht zufällig hat die spanische Zentrale diesen Mystikern mißtraut. Es ist jener Individualismus, der klarmacht, daß man unter Umständen auf die Organisation und den Staat verzichten könnte. Das gleiche findet man in der laizistischen Manifestation des spanischen Individualismus. Er gedeiht nicht dank der spanischen Gesellschaftsform, sondern trotz ihr. Daher ist er in vielen Fällen nicht primär Entfaltung, sondern Refugium.

Nimmt man das historische Erbe und hält man die heterogene Zusammensetzung dessen, was sich als spanisch ausgibt, daneben, dann erkennt man bald, daß die spanische Dialektik mehr als nur zwei Positionen kennt. Das hat einen eigenen Widerspruch und ein eigenes Widerspiel zur Folge. Den Konflikt macht eine dialektische Komplexität aus. Und manchmal hat man den Eindruck, als wollte Spanien einer Vielfalt so vieler Positionen entfliehen und als wäre es schon dankbar, auf nur zwei zu kommen wie Orthodoxie und Häresie, und wollte es auch noch diese Dialektik aufheben zugunsten der einen und einzigen seligmachenden Position, um einmal zur Ruhe zu kommen. Nun erlangt diese dialektische Komplexität erst recht Spannung, da sie mit ungewohnter Intensität auftritt: Spanien hat das historische Datum von 1492.

Es ist das Jahr, in welchem die «katholischen Könige» Isabell und Ferdinand in Granada einziehen. Die letzte maurische Festung war damit gefallen. Die Wiedereroberung, die «reconquista», die 1037 unter Alfons VI. begonnen hatte, war vollendet. 1492 ist auch das Jahr, in welchem Kolumbus Amerika entdeckt. Aber im gleichen Moment, da Spanien die Grundlagen zu einem Weltreich legt, wie man es bisher nicht gekannt hat, beraubt es sich aller Voraussetzungen dazu.

Denn das Jahr 1492 ist auch das Jahr, in welchem das Dekret erlassen wird, das die Juden aus dem Lande trieb. Spanien war überzeugt, zu sich selber gekommen zu sein, sowohl territorial wie religiös. Aber in der Bilanz, sofern es eine gezogen hätte, fehlten bereits die Posten, die es nicht selber ausfüllen konnte. Indem Spanien die Juden vertrieb, verjagte und verfolgte es nicht nur Ungläubige, sondern es wies jene aus, welche sich der Administration, des Handels und der Finanzen angenommen hatten; Spanien strich eine Bevölkerungsgruppe, die der handwerklichen und intellektuellen Arbeit obgelegen hatte.

Und im Zuge der Reinigung und Bereinigung verjagte man die Mauren nicht nur machtmäßig und religiös. 1525/26 wurde das Gesetz erlassen, das dann allerdings erst 1604 zur Anwendung kam, das die Morisken aus dem Lande verwies. Damit jagte man aber nicht nur getaufte Mohammedaner aus Spanien, sondern auch Künstler und Kunsthandwerker. Die Morisken hatten im Gegensatz zu den Spaniern hauptsächlich auf dem Lande gelebt, ihr Tätigkeitsbereich war eine Landwirtschaft gewesen, die unter ihnen blühte.

Spanien beraubte sich seiner Handwerker, der Administration, des technischen und intellektuellen Know-how. Nicht daß die Spanier nicht auch Intelligenz besessen hätten, nicht daß sie nicht auch die Fähigkeit zum Handwerk und zur Landwirtschaft gehabt hätten. Aber erstens einmal hatten sie diese Arbeit lange Zeit den andern überlassen, und dann war der Verdacht und das Mißtrauen selbst gegenüber den getauften Juden und Mohammedanern so groß, daß man sich auch nicht mit jener Tätigkeit beflecken mochte, die jene ausgeübt hatten.

Die Folge blieb denn auch nicht aus. In einer Epoche, wo aus Amerika Reichtum in Form von Gold und Silber floß, machte der Staat dreimal bankrott. Er verschuldete sich total ans Ausland. Er wollte plötzlich auch seine Auslandschulden nicht mehr anerkennen. Ein Spanien, dessen Hegemonieanspruch man anerkannt hatte, dessen Literatur und Universitäten zu den bedeutendsten des Kontinentes gehörten, dessen Flotte die stärkste war, dieses Spanien verlor im Ausland jeden Kredit.

Spanien fühlte sich als katholische Nation, und das genügte ihm. Und katholisch konnte nach der Königin Isabell heißen, daß kein maurischer Künstler irgendwie Hand an christliche Motive legen durfte. Katholisch konnte im Falle von Philipp II. heißen, mit den protestantischen Staaten keinen Handel zu treiben. Katholisch konnte meinen, sich freiwillig der Stringenz der Inquisition zu unterziehen. Es konnte heißen, daß zu Anfang des sechzehnten Jahrhunderts dreißig Prozent der Bevölkerung einem Orden angehörten. Und katholisch konnte auch heißen, daß selbst gegen einen gläubigen Katholiken wie Luis de León (1527–1591), einen Gelehrten und Mystiker, vorgegangen wurde und daß ein Humanist und Pädagoge wie Vives (1492–1540) vor Gericht gestellt und ausgewiesen wurde. Die Rechtgläubigkeit war zum Selbstzweck geworden.

Was nach aller Vertreibung und Reinigung übriggeblieben war, war der christliche Ritter, der Caballero, der katholische Kämpfer für den katholischen Glauben. Einer, der nur etwas konnte: Krieg führen, wobei es sich für ihn immer um einen heiligen Krieg gehandelt hatte. Aber darüber hinaus sah er keine Funktion. Solange andere Rassen oder Kasten sich der andern Arbeiten angenommen hatten, war es mit dieser Ausschließlichkeit, Ritter zu sein, gegangen. Aber als die andern Kasten vertrieben worden waren, beherrschte zwar der christliche Ritter das Feld allein – siegreich, aber hilflos. Der Kampf gegen die Ungläubigen hatte das Motiv für den Krieg abgegeben und ihn gerechtfertigt. Nachdem dieser Kampf gegen den Unglauben vollendet war, brauchte man einen Krieg, um das Motiv weiter zu rechtfertigen. Indem Spanien den christlichen Ritter absolut setzte, machte es aus einem Teil das Ganze. Es verabsolutierte eine Möglichkeit; damit legte es die Grundlage zu seinem Absolutismus, bei dem dann die Inquisition lediglich noch eine Folge war.

Dabei war der Kampf gegen die Ungläubigen nicht nur auf dem Schlachtfeld ausgefochten worden. Wenn aus den vielen christlichen Königreichen allmählich eines wurde und am Ende die katholischen Könige über ein einziges Spanien regierten, dann war das nicht zuletzt dank einer vorzüglichen Heiratspolitik zustande gekommen. Eine Politik, die auch nachher meisterhaft weitergeführt wurde. Neben dem Schlachtfeld war vielleicht nicht das Ehebett, aber der Ehering die gleich wichtige Methode.

Doch steht anderseits außer Zweifel, daß Spanien Spanien wurde, weil der christliche Kämpfer mitgekämpft hatte. Soweit Spanien zu einem nationalen Bewußtsein gekommen war, war dies in Abgrenzung gegen die Ungläubigen geschehen. Der territoriale und der religiöse Kampf waren zusammengefallen. Das läßt sich auch in der Geschichte anderer europäischer Staaten zeigen. Aber in Spanien hatte dieser Kampf über vierhundert Jahre gedauert. Er war nicht mehr nur ein Mittel, sondern er wurde zur eigentlichen Raison d'être. Es wurde spanisch, indem es die Rechtgläubigkeit verteidigte. Spanisch und katholisch wurden identisch. So kam Spanien auch als erstes europäisches Land zu einer nationalen Armee. Aber dann siegte diese Armee. Das auserwählte Volk hatte das gelobte Land erobert. Es blieb ihm nur noch die Fixation, man ruhte sich an höchster Stelle aus, direkt vor dem Throne Gottes, während unten die Geschichte weiterging, auch die eigene.

Das Militante, das Kriegerische und Kämpferische und das Soldatische, es durchzieht alle Bereiche Spaniens: Das Spanische, welches den Sieg davongetragen hat, heißt «kastilisch», der Ausdruck erinnert an die Kastelle in Nord- und Mittelspanien, so ist schon in der Kennzeichnung der Sprache etwas von Wehrburgen da. Der Nationalheilige ist Santiago, dessen Heiligtum in Compostela, dem bedeutendsten Wallfahrtsort Spaniens und Europas, war. Eine seiner Ehrenbezeichnungen lautet «Maurentöter» : matamoros. Der spanische Nationalheld ist El Cid, der Herr und Soldatenführer, Rodrigo Díaz de Vivar, jener Ritter, der gegen die Mauren auszog und der im Epos verherrlicht wurde.

Spanien ist das Land, wo die Militärorden, die Ritterorden wie derjenige von

Alcántara mit aller Selbstverständlichkeit blühten. Und auch die religiösen Orden waren militant ausgerichtet. Der Kastilier Dominikus (1170–1221), der den Bettlerorden der Dominikaner gründete und damit eine der einflußreichsten religiösen Gemeinschaften schuf, tat es in Abwehr gegen die Ketzer der Albigenser. Und als Ignatius von Loyola (1491–1556) seinen Orden gründete, um die Reformation zu bekämpfen, nannten sich die Mitglieder Soldaten Gottes, denen ein General vorstand.
So kann es auch nicht überraschen, daß die größte literarische Figur Spaniens ein Ritter ist, der Ritter von der traurigen Gestalt, wie Cervantes (1547–1616) Don Quijote nannte, einer, der gegen Windmühlen kämpft und für den der Weg wichtiger als die Herberge ist. Mit Logik ist daher auch die erotische Figur, die Spanien erfand, Don Juan, eine militante Erscheinung, ein Eroberer, auch wenn er am Ende nichts mit den Eroberungen anzufangen weiß. Und wenn der Matador in der Arena auftritt, dann ist das weit entfernt von jedem Sport. Man braucht sich nicht in mystische und sexualsymbolische Spekulation zu verlieren, ohne zu begreifen, daß hier mit dem «Töter» eine spanische Grundhaltung vorgeführt wird, in einer spezifischen Verbindung von Ästhetik und Blut. Und wenn der heutige Staatschef Franco «Caudillo» heißt, dann wird damit nicht nur ein dekorativer Titel getragen, sondern die Militanz ist wieder an höchster Stelle präsent.
Man muß diese ganze Skala vor sich haben, um die Gestalt des christlichen Ritters in seiner Komplexität und in seinen Variationsmöglichkeiten zu verstehen. Der christliche Ritter, er muß als Stichwort verstanden werden, bei dem allerlei Figuren auftreten können. Das muß man sich um so mehr vor

Augen halten, als man daranging, diese Figur zu stilisieren und zu frisieren, zu glorifizieren und zu ideologisieren.
Zur Idealvorstellung des Ritters gehört ein bestimmter Ehrenkodex. Man schätzt am Ritter «la lealtad», die Ergebenheit und Verläßlichkeit; aber die kann zum bloßen Kadavergehorsam werden. Man schätzt an ihm «la fe», die Zuverlässigkeit im Glauben; aber als Rechtgläubigkeit kann dieser Glaube zum Rechthabenwollen, zur Intoleranz und intellektuellen Kastration führen. Man schätzt an ihm «el sosiego», die Gelassenheit und die Lässigkeit, das Gegenteil jeder intellektuellen Hast; aber diese Gelassenheit kann zur Indifferenz führen, was den sozialen Bereich zum Beispiel anbelangt.
Man kann die Spannweite dieses christlichen Ritters in einem geradezu verwirrenden, erschreckenden und herausfordernden Nebeneinander vorführen, wenn man an die Jahrzehnte der Entdeckung und der Eroberung von Amerika denkt: Da traf sich der Missionar, der tatsächlich an das Seelenheil glaubte, mit jenem, der auf Profit und Pfründen aus war. Da begegneten sich alle Arten von Hunger: nach Gold, nach dem Jungbrunnen, nach Seelen, nach Ländereien. Da war immenses technisches und wissenschaftliches Planen dabei und bloßes Abenteuer. Der gleiche konnte predigen und verraten. Die einen hetzten Hunde auf die Indianer, und einer stand auf zur Verteidigung der Indios, die einen begingen ein Genocid, und andere entwarfen ein Völkerrecht zum Schutze der Indianer – wer immer aber auch auftrat, es war immer dem Wort und dem Erlaß nach der christliche, rechtgläubige katholische Gott dabei, jener, der schon so viel herhalten mußte für das, was jene taten, die behaupteten, sie würden an ihn glauben.

Was hier auftrat, läßt sich unter keinen Hut, unter kein Banner und auf keinen Nenner bringen. Und wo immer das geschah, hat man die historischen Ereignisse eingeengt. Und das geschah auf seiten Spaniens und auf seiten seiner Gegner. Es kam zur «leyenda negra», der schwarzen Legende. Spanien wurde für seine Eroberungspolitik international angeprangert – für seine Barbarei und seine Grausamkeit. Bei diesen Vorwürfen waren nicht nur humane Argumente im Spiel, sondern auch politische Überlegungen. Dem setzte Spanien eine «leyenda blanca» entgegen, eine Legende des Weißwaschens, wo alles, was geschah, minimalisiert und gerechtfertigt werden sollte.

Dabei war es ein Spanier, der Dominikaner Las Casas (1474–1566), der gegen Spanien auftrat und die Brutalität anprangerte. Er trug auch einige juristische Siege davon. Aber man hatte ihn zu Lebzeiten und erst recht nachher verunglimpft; denn was er vorbrachte, das vertrug sich nicht mit der Vorstellung des christlichen Ritters, der einen ganzen Kontinent von Seelen unter die spanische Herrschaft und damit ins Himmelsreich brachte. Die Anklage von Las Casas war eine Attacke gegen die Ideologisierung des Caballero cristiano. Dabei hätte Spanien darauf hinweisen können, daß zwischen den Jahrzehnten der Entdeckung und der Eroberung und einer systematischen Kolonialpolitik ein Unterschied bestand. Daß unentwegt Gesetze erlassen wurden zum Schutze des Indios. Aber nichts wurde effektiv. Spanien übertrug Vorstellungen, ohne einer neuen Situation Rechnung zu tragen. Es übertrug sein Feudalsystem mit allen Konsequenzen genau so, wie es die Kolonien an der Orthodoxie und an der Inquisition teilnehmen ließ.

Die Ideologisierung des christlichen Ritters gelang um so mehr, als Spanien eine verbale Nation ist. Das ist ebenso lateinisches wie maurisches Erbe. Man hat zur Sprache ein spielerisches Verhältnis. Das mag einer kurzsichtigen Interpretation leer und verantwortungslos vorkommen. Aber das hieße übersehen, daß dieses Verhältnis zur Sprache einem Verhalten im Gesellschaftlichen entspringt, das nicht auf Effektivität und Wirtschaftlichkeit aus ist. Wo die Arabeske ihren Wert hat, wo die Redefigur so wichtig ist wie die Rede selber, hat man kein ökonomisches Verhältnis zur Sprache.

Dies Verhalten zur Sprache zeigt sich in der Philosophie eines Raimundus Lullus (1235–1315); er entwarf eine Logistik, die vor keiner Eskapade der Gedankengänge zurückschreckte, bei welcher der Wortbau und die Spracharchitektur noch heute mehr einnehmen als das schlüssige Räderwerk. Und was sich hier in der Philosophie findet, kann man auch in der Lyrik antreffen, bei einem Luis de Góngora (1561–1627), bei seinem Culteranismo, wo das Wort mit Überraffinement und Ausgeklügeltheit verwendet wird, höchste Artistik, welche die Esoterik nicht scheut. Und wenn man an die spanische Philosophie dieses Jahrhunderts denkt, dann wird man nicht den Systematiker finden, sondern den Essayisten, womit sich das literarische Verhalten zum Wort auf eine andere Weise bestätigt.

Dies Verhalten zum Wort hat in der Architektur seine Entsprechung. Man darf vielleicht annehmen, daß dort, wo der Grund unbestritten ist und nicht nach neuer Fassung sucht, sich die Phantasie an die Oberfläche verlegt, wobei dies nicht wertend verstanden werden darf. Der Grund ist in diesem Falle der rechtmäßige Glaube an den rechtmäßigen Gott, und dieser Glaube läßt keine

Diskussion und keine Infragestellung zu. Man diskutiert nicht die Architektur, sondern das Dekor. Auch hier kommt die maurische Vorliebe der spanischen Konzeption entgegen, aber Spanien erfindet das Dekor aus andern Gründen. Man kann vielleicht auch sagen, daß die Zeit der Reconquista sich nicht dafür eignete, eigene Architektur zu erfinden, da man ja noch nicht bei sich angekommen war. Es zeigt sich jedenfalls (soweit es zu romanischen Bauten kam, war Spanien eine französische Kunstprovinz, und das gleiche gilt auch für die gotische Architektur): die Kathedrale in Burgos ist eine reine, wenn auch großartige Imitation von Bourges.

Gilt es von einer spanischen Leistung in der Architektur zu reden, wird man den Platereskstil erwähnen, einen Schmuckstil, welcher die Renaissancekunst abwandelt, Goldschmiedearbeit in Stein, wie das Wort sagt; wie das aussieht, kann man am Rathaus in Sevilla oder an der Kathedrale von Granada feststellen. Und wenn sich Spanien dagegen wehrte, wenn es puritanisch und einfach sein wollte, dann erfand es einen Antistil, einen Antidekorationsstil, den Desornamentado-Stil, in welchem der Escorial gebaut wurde. Aber die spanische Phantasie feierte noch einmal einen Triumph mit den Werken eines José Churriguera (1665–1725). Der Hochaltar in der Kirche San Sebastián in Salamanca zeigt, in welchem Maße der Platereskstil noch weitergeführt werden kann und daß man auch noch das Dekor dekorieren kann.

Es geht bei der spanischen Architektur also um eine Architektur des Repräsentierens, man könnte auch von einer Architektur der Rhetorik sprechen. Und dies wiederum findet seinen Gegenpart in den Umgangsformen oder, besser, im Kult der Umgangsformen.

Spanien kennt einen Lebensstil, der die Zeremonie kultiviert. Man kann sogar behaupten, es habe die Zeremonie ausgebaut wie keine andere Nation. Und wenn Österreich eine ähnliche Rhetorik im Umgang kennt, dann kann man hier das spanisch-habsburgische Erbe spüren. Und zwar gilt die Zeremonie sowohl dem Festtag wie dem Alltag. Sie ist die Sichtbarmachung eines alle verbindenden Fundamentes, und es ist zugleich dessen Bestätigung, ob es sich nun um ein Zeremoniell am Hof oder in der Kirche handelt oder ob es um die Höflichkeit des Alltags geht, die unabhängig von der sozialen Stellung zelebriert wird.

Dieses rhetorische Verhältnis zur Sprache, das unentwegte Errichten der Fassade und die Bestätigung durch das Zeremoniell, das alles kann auch noch wirksam sein, wenn der entsprechende Grund fehlt oder nicht mehr jene Kraft des Anfangs hat. Insofern kann die gleiche Haltung dem Verdecken und der Selbsttäuschung dienen. Das Theater ist somit schon von vornherein da, auch wenn es auf spanische Weise als Welttheater verstanden wird. Und dies ist wiederum nicht denkbar ohne das Gefühl, eine Rolle zu spielen, wie gut dotiert sie auch immer sein mag. Und damit ist auch schon die Möglichkeit gegeben, die Erfahrung von der Eitelkeit und der Nichtigkeit des Ganzen zu machen.

Es stellen sich denn auch spanische Wörter ein, die kaum etwas gemein haben mit der Vorstellung eines einzigen gemeinsamen Kampfes, einer alles verbindenden Staatsmacht und Kirche – es sind Wörter, die nur vom Einzelnen aus zu verstehen sind: sie lauten «la soledad», die Einsamkeit, und «el laberinto», das Labyrinth. Das sind angesichts einer politischen und religiösen Orthodoxie schon rebellische Erfahrungen, sie gehörten zu jenem Bereich des Individuums, wo es sich selber bestimmen kann.

Im gleichen Moment, wo der Mythos des christlichen Ritters sich etablierte, trat ja auch der Gegenmythos auf, eine andere Figur, der Picaro, der Gauner, Schelm und Landstreicher, den vieles mit dem christlichen Ritter verbindet, nur daß er eben das negative Spiegelbild darstellt. Auch er eine Korrektur jenes offiziellen Bildes, das zur Staatsraison erhoben werden sollte.

Die offizielle spanische Konzeption wollte den Himmel, und alles, was nach Hölle aussah, wurde mit dem Fremden identifiziert, das man vertreiben kann. Mit den Mauren hatte man nicht nur den Islam, sondern auch die Sinnenfreude im Sexuellen vertrieben. Man entschloß sich zum schlechten Gewissen, was das Fleisch betraf. Und das bedeutete: auch zur Doppelmoral. Aber das, was in den offiziellen Augen die Sünde war, konnte man nicht vertreiben. Es flüchtete sich in die Phantasie als in einen Bereich der Freiheit, und so lebte die spanische Phantasie alle Ungeheuerlichkeiten durch.

Von da aus erhält ein Maler wie Francisco Goya (1780–1824) seine eminente Bedeutung. Er hat als Hofmaler noch einmal jenes Spanien festgehalten, das Größe repräsentierte oder repräsentieren wollte. Aber nicht nur diesem Spanien hat er das offizielle Gesicht gegeben, sondern auch dem verdrängten Spanien, wie es in die Phantasie geflüchtet ist, zum Ausdruck und zum Leben verholfen mit seinen Caprichos; er zeigte, was für eine Welt von Zwergen, Monstren und Ungeheuern auch in der spanischen Welt schlummerte; sie waren um so monströser, als es für sie nie eine Möglichkeit des Ausgleichs oder des Verhandelns gegeben hatte.

Hält man sich einen Typ wie Louis Buñuel vor Augen, wird man feststellen, wie trotz allem das traditionelle Spanien sich halten konnte. Auch wenn sein ganzes Werk nichts anderes ist als eine ungeheure Auflehnung gegen das katholische Spanien, an dem Ausmaß, wie er in seinen Filmen seine Blasphemien vorführt und seine schwarzen Messen liest, kann man ableiten, wie stark diese spanische Tradition immer noch wirkt und in welchen Tiefen die Auseinandersetzung damit stattfindet.

Man wird den Spanischen Bürgerkrieg auch erst dann völlig begreifen, wenn man ihn nicht nur unter dem zeitgenössischen Gegensatz von Kommunismus und Faschismus sieht, sondern wenn man sich Rechenschaft gibt über das spezifisch Spanische an dieser Auseinandersetzung: im Mittelpunkt stand die Kirche, das Spanien eines traditionellen Katholizismus. Es war im Grunde wiederum ein Glaubenskrieg, nur daß er diesmal nicht gegen irgendwelche Fremde, sondern unter Brüdern stattfand. Es war die letzte mögliche Variante der Reconquista.

Es kam ja auch wieder zur Vertreibung – wiederum zog ein Teil, und ein nicht unwichtiger, der spanischen Intelligenz aus. Es gibt seit dem Siege Francos zwei Spanien, jenes, in welchem der faschistische Ständestaat sich einrichten konnte, und das Spanien der Exilierten – mit Schriftstellern wie Rafael Alberti in Argentinien, mit Luis Cernuda in Mexiko, mit Pedro Salinas, Jorge Guillen und Juan Ramón Jiménez in den USA, mit Salvador de Madariaga in England. Abgesehen von jenen, die auf der Flucht starben, wie Antonio Machado, oder die direkte Opfer des Bürgerkrieges wurden, wie Ramino de Maeztu und Federico García Lorca.

Das traditionelle Spanien konnte sich nicht zuletzt deswegen halten, weil es sich in seine Randlage zurückgezogen hatte. Es schob den Riegel der Pyrenäen vor. Es konzentrierte sich ausschließlich auf seine Fixationen; der Weltmission, die sich Spanien einst zugelegt hatte, war schon längst jeder Boden entzogen worden. Man konnte sich nur noch auf Strukturen stützen. Katholisch und spanisch hieß nur noch eine Interessengemeinschaft von Kirche und Staat. Das hierarchische Denken fand eine Entsprechung in einem unerbittlichen und rigorosen Kastensystem sozialer Ordnung. Konservativ sein, hieß wirtschaftliche Verhältnisse aufrechterhalten, die wie beim Großgrundbesitz bis ins dreizehnte Jahrhundert zurückgingen. Die Inquisition konnte ihren Platz einem Nichtschulsystem und der Zensur überlassen.
Dabei blieb aber dennoch der Glaube weitgehend verwurzelt. Nur so ist es zu erklären, daß auf der einen Seite zwar eine zunehmende Entleerung des offiziellen katholischen Spanien stattfand, auf der andern Seite aber Spanien heute noch ein Land ist, wo die religiösen Feste mit einer Selbstverständlichkeit gefeiert werden wie nirgendswo. Die Pilgerfahrten wie die Romerías, die Semana Santa, die Fronleichnamsprozession sowie die Feste lokaler oder regionaler Heiliger haben nichts von Konserve und nichts von Heimatschutz, auch wenn sie als touristische Attraktionen an Bedeutung gewonnen haben und wenn sie zum Irrtum beitragen, man habe hier das echte Spanien.
Aus seiner Attitüde und aus seiner Selbstisolierung aufgescheucht wurde Spanien im Jahre 1898. Im Spanisch-Amerikanischen Krieg dieses Jahres verlor Spanien seine letzten drei überseeischen Besitzungen: Kuba, Puerto Rico und die Philippinen. Das wurde als ein Zeichen dafür genommen, daß

es mit dem Weltreich zu Ende war. Dabei war dieses Weltreich schon achtzig Jahre vorher verlorengegangen, als sich der südamerikanische Kontinent mit den zentralamerikanischen Nationen und Mexiko vom Mutterland befreit hatte. Aber die drei verbliebenen Inseln waren noch die einzige Reminiszenz an ein Weltreich. Ob sie von wirtschaftlicher Bedeutung waren oder nicht, ist unwichtig. Wichtiger war der Repräsentationswert dieser Antillen-Inseln. Solange sie noch in spanischem Besitz waren, konnte man eine Fiktion von einem Weltreich aufrechterhalten, man war der Redefigur nach noch ein Weltreich.

So mußte der verlorene Krieg gegen die USA zum Schock führen, und dieser Schock war die Geburtswehe der Generation von 1898 – ein Anlaß zur Besinnung und Kritik. Es ist bezeichnend, daß dieser Anstoß nicht unter einem Einfluß irgendeiner Aufklärung kam, oder unter dem Einfluß der Französischen Revolution, oder unter liberalen und sozialistischen Ideen. Davon ließ sich Spanien auch berühren, doch kam es zu keiner größeren Konsequenz. Die Änderung in der Haltung kam von innen, von Spanien selbst her.

Das große Thema für diese Generation war Spanien: man suchte nach den Gründen, weshalb es zum Niedergang kam und weshalb Spanien seine Weltgeltung verloren hatte. Es war zugleich eine Besinnung auf Europa, nämlich inwiefern Spanien in diesem Europa einen Platz einnehmen kann. Intellektuell wurde der Riegel der Pyrenäen zurückgeschoben, in einer unentwegten Selbstbefragung nach der Hispanität, der Hispanidad: was es sei, das Spanien ausmache. Es war ein intellektueller Aufbruch, der ebensoviel Kritik wie Apologie enthielt. So konnte auch manches, was damals überdacht wurde, in die alten Gleise des faschistischen Movimiento nacional einmünden. Aber Spanien hat sich in Bewegung gesetzt, und dazu mußte es Jahrhunderte in Bewegung setzen. Es konfrontierte sich mit jener Geschichte, der es ausweichen wollte.

Spaniens Bild hat sich in den letzten fünfzig Jahren verändert. Zwar gehört es mit seinem Durchschnittseinkommen und seinem Prozentsatz von Analphabeten immer noch zu den europäischen Ländern, die entwicklungsmäßig auf der unteren Stufe stehen. Aber wenn um die Jahrhundertwende noch das Urteil gefällt werden konnte, es handle sich um eine moribunde Nation, dann hat Spanien dieses Urteil Lügen gestraft.

Nach wie vor lebt Spanien von seiner Landwirtschaft. Der Hauptexport sind Orangen und Mandarinen; es ist der bedeutendste Produzent von Oliven und Olivenöl. Seine Weinproduktion kommt hinter der von Frankreich und Italien. Für den Export sind auch Tomaten und Bananen von Bedeutung. Einen besonderen Platz nimmt Spanien ein mit seinem Safran und seinen Korkbäumen. Für das Land selbst steht die Weizenproduktion an erster Stelle. Der hochqualitative Reis wird nicht mehr nur um Valencia herum angebaut. Aber wenn die Landwirtschaft sich entwickeln soll, dann muß im großen geplant werden. Es müssen Straßen gebaut werden. Die Aufforstung ist ein alter Programmpunkt, ebenso die Irrigation. Allenthalben läßt sich Veränderung feststellen. Doch findet man nach wie vor eine uneffektive und vorsintflutliche Anbaumethode, die nur photogen ist. Und in ganzen Regionen hat sich am feudalen Großgrundbesitz nichts geändert, sowenig wie am alten Taglöhnersystem.

Aber wenn es 1900 noch sechsundsechzig Prozent waren, die in der Landwirtschaft tätig waren und nur siebzehn Prozent in der Industrie, dann haben sich diese Zahlen inzwischen insofern verschoben, als heute nur noch achtundvierzig Prozent in der Landwirtschaft arbeiten, während siebenundzwanzig Prozent in der Industrie beschäftigt sind. Die Industrie beschränkt sich nicht mehr nur auf den traditionellen Bergbau, in welchem Spanien immer eines der wichtigsten Länder Europas war. Die Eisenhütte in Aviles ist heute eine der modernsten des Kontinentes, und Spanien liefert immer noch dreißig Prozent der Weltproduktion von Quecksilber. Neue Industriezweige entstanden, wie Textilfabriken. Und gleichzeitig hat sich die Industrie von den traditionellen Industriezonen, wie um Barcelona oder in Asturien, verschoben. Das überraschendste Beispiel dafür ist Madrid, das während Jahrhunderten sich damit zufriedengab, ein Verwaltungszentrum zu sein. Um Madrid hat sich aber in den letzten Jahrzehnten ein Industriegürtel gelegt. Über vierzig Prozent der Einwohner Madrids sind heute in der Industrie beschäftigt. Auch hier zeichnet sich eine Veränderung ab, deren erste Folgen festzustellen sind, von denen aber nicht gesagt werden kann, ob sie wirklich an die Struktur und ans System gehen.
Immerhin kann man feststellen, daß so alte Säulen des Systems wie die Kirche anfingen, ihre Position zu überdenken. Und es zeigt sich, daß die alte Falange durch Technokraten abgelöst wurde. Das ist ein, von der Tradition her gesehen, unspanisches Vorgehen: daß jene vorrücken, welche das Know-how beherrschen, bei denen die Effektivität zählt. Das ist eine Veränderung der Mentalität, welche entscheidende Folgen haben könnte. Die Ideologisierung

wurde aufgeweicht. So sind auch die beiden Spanien, jenes des siegreichen Franco und jenes des Exils, zumindest im Sinne eines Waffenstillstandes sich nähergekommen.

Von einer Gesellschaft aus, wo der soziale Ausgleich und die demokratische Beteiligung an den öffentlichen Geschäften eine Grundlage bildet, zeichnet sich in Spanien die Möglichkeit einer Chance ab, daß die wirtschaftliche Entwicklung der alten Kastengesellschaft buchstäblich den Boden entzieht. Spanien ist hinter den Pyrenäen hervorgetreten. Daß dies aber möglich war, hängt nicht nur mit einer Änderung in Spanien selbst zusammen, sondern auch damit, daß sich im übrigen Europa ebenfalls manches geändert hat, was einem Verständnis von Spanien entgegenkommt. Diese veränderte Haltung des übrigen Europa hat sich auf den verschiedensten Ebenen abgespielt. Vieles, was unabdingbar zu Spanien gehörte, führte im übrigen Europa lange Zeit ein minderes Dasein, und es brauchte einiges, bis dieses Europa begriff, daß es reicher ist, als es selber wahrhaben wollte.

In dem Maße zum Beispiel, wie der Barock aufgewertet, als dieser nicht nur als Depravation der Renaissance verstanden wurde und als Unterkunst, hat sich vieles für Spanien geändert, auch wenn der spanische Barock neben dem deutschen, italienischen und österreichischen noch eines besonderen Zugangs bedarf. Zu Spanien aber gehört der Barock, nicht nur historisch und nicht nur von der bildenden Kunst und Literatur, sondern auch von der Lebenshaltung her, die bis heute nachwirkt.

Und in dem Maße wie die Intellektualisierung der Kunst zunahm, konnte man die schöpferische Qualität des Manierismus entdecken. Das heißt: in den langgezogenen Figuren eines Malers wie El Greco (1541–1614) nicht nur Exzeß und Übertriebenheit sehen, sondern den Kunstwillen eines der größten Künstler. Und ein Balthasar Gracián (1601–1658) konnte mit seinen manieristischen Theorien als bedeutender Autor der europäischen Literaturgeschichte neu gewertet werden.

Und in dem Maße, als anderseits das Unbewußte und die Phantasie und damit die Phantastik als vernachlässigte Kategorie neu eingeschätzt wurden, konnte man das Genie eines Antonio Gaudí (1852–1926) entdecken und in seinen Bauten in Barcelona mehr als nur Skurrilität sehen. Soweit Europa selber das Irrationale zu einem entscheidenden Bereich machte, schlug es eine wenn auch nicht ungefährliche Brücke. Es ist bezeichnend, daß Spanien sich bei seiner intellektuellen Öffnung nach Europa hin Autoren wie Nietzsche und Dostojewski bediente und daß es in der Existentialphilosophie deutscher Prägung einen Wortschatz fand, dem sein eigenes Kreisen um den Tod Verständnis entgegenbrachte.

Der «renouveau catholique», als Enkel der Romantik, suchte einen Zugang zu Spanien; er tat es weitgehend in konservativer und rückblickender Weise, aber er machte das Land hinter den Pyrenäen zum Thema. Und gleichzeitig wurde Spanien zum Thema für alle jene, welche auf seiten der Republikaner kämpften, ob de facto, intellektuell, durch Sympathie oder nur noch in der Retrospektive. Wie immer der Zugang war, ob er durch die Arena der Stierkämpfer ging oder durch die Verse eines Lorca oder durch die unzähligen Reisebüros, welche dazu beitragen, daß jährlich sechzehn Millionen Touristen nach Spanien fahren – Spanien ist in unseren Erfahrungsbereich ein-

getreten. Und dies um so mehr, als sich Europa selbst zum Thema wurde. Randgebiete können da aufschlußreich sein, indem sich erweist, daß sie vielleicht gar nicht so sehr am Rande stehen und daß sie anderseits die Brücke zum Nicht- und Außereuropäischen schlagen helfen. Und dies auf paradoxe Weise: man spricht davon, daß Spanien zu den Kategorien von Arbeit, Wirtschaftlichkeit, Leistung und Konsum findet, und dies in einem Augenblick, wo diese Kategorien bei uns mit einem großen Fragezeichen versehen werden.
Aber Spanien ist nun als Thema da, nicht nur als spanisches Thema, sondern auch als europäisches, so spanisch uns das vorkommen mag.

5 6

7

8

9
10

Para ver
y oir BIEN
ULLOA
OPTICO
ESPECIALISTA EN MICROLENTILLAS
FONTANELLA, 1
INACEPTABLE

13
14

HOSANNA
EXCELSIS
HOSANNA
EXCELSIS

15 16

1–3 Die ersten drei Bilder des vorliegenden Buches sind in gewisser Weise schon eine Synthese oder geben zumindest eine Vorstellung von dem Spanien, das tief in unserer Kultur verwurzelt ist. Da ist zunächst die inzwischen zum Mythos gewordene Gestalt des Don Quijote. In manchen Ortschaften der Mancha begegnet man der Statue des alten Pferdes mit seinem berühmten Reiter, die dem Besucher sofort und eindringlich das Land Cervantes' in Erinnerung ruft. Die Landschaft auf der folgenden Photo versinnbildlicht die Natur Spaniens; die Höhenzüge von Andalusien, Estremadura und Kastilien atmen jene dürre Unendlichkeit, in der die zerstreut liegenden Dörfer mit ihren weißgetünchten Häusern einen Zauber der Verlassenheit haben. Das dritte Bild schließlich läßt sich leichter deuten, ist es doch am stärksten mit unserer Vorstellung von Spanien verbunden. Wer das Land bereist hat und kennt, sieht sofort, daß es sich bei dem Stier nur um ein Fiktivbild handelt, denn in Wirklichkeit ist es die Reklame für eine Cognac-Marke, die einem auch an den schönsten Stellen der spanischen Landschaft begegnen kann. Aber ich muß gestehen, daß sich mir gerade dieses Bild nach einer Reise, die sich über zehntausend Kilometer durch das Land erstreckte, so eingeprägt hat, daß es beinahe symbolischen Charakter besitzt.

4–6 Costa Brava nennt man die Küste zwischen Barcelona und der französischen Grenze, die auch die Provinz Gerona berührt. Hinter Blanes (63 km nördlich von Barcelona) beginnt eine Reihe kleiner Dörfer, die sich mit ihren weißgetünchten Häusern an der Küste entlang gegen Norden hinziehen. Fischfang und Schiffahrt gehören zu den traditionellen Beschäftigungen der Bewohner, doch in der warmen Jahreszeit, von Mai bis Oktober, strömen die

Touristen ins Land, die die Strände überschwemmen, Wassersport und Tiefseetauchen betreiben. Zu den bekannteren Orten gehören Playa de Aro, Rosas, Ampurias mit seinen Ruinen der ersten griechischen Siedlung in Spanien und Cadequés, der vielleicht malerischste und unverfälschteste Ort an der Costa Brava, wo auch der Maler Salvador Dalí lebt.

7–10 Barcelona. Die Hauptstadt von Katalonien liegt in einer reizvollen Umgebung, die von den beiden Hügeln Montjuich und Tibidabo beherrscht wird. Das heutige Barcelona ist rund um den Kern der gotischen Altstadt gewachsen und zählt zu den schönsten Stadtanlagen in Europa. Vom Tibidabo hat man einen umfassenden Blick über die gesamte Stadt, der vielleicht wie auf einer Postkarte etwas konventionell wirkt, aber darum nicht minder eindrucksvoll ist. Von hier erscheint die Stadt dem Beschauer wie eine riesenhafte, sich verdichtende Anhäufung von Bauten und Häusern, die sanft abfallend sich bis ans Meer erstreckt. Im Kontrast zwischen der horizontalen Stadtanlage, von den Barcelonesern «Ensanche» genannt, und den vertikal aufstrebenden Bauwerken des «Barrio gótico», des gotischen Viertels, scheint die ganze Geschichte der Stadt eingefangen; es ist, als hätten ihre Bewohner von den Palästen des Mittelalters nur einen einzigen Schritt bis zu den modernen Gebäuden in der Vía Layetana gemacht. Dieser abrupte Wechsel von der Gotik zum graziösen Isabella-Stil und dem explosiven Modernismus eines Gaudí beeinträchtigt jedoch die ausgeglichene Harmonie des Stadtbildes keineswegs. Dieser Kontrast, wie zahlreiche andere in Barcelona, ist vielmehr der Spiegel einer anarchistischen Kollektivität, die in dieser Stadt lebt.

Die Kathedrale wurde im 14. Jahrhundert erbaut. Sie hat drei Längsschiffe und einen Chorumgang, dessen Kapellenkranz in der Außenarchitektur eine Reihe Strebepfeiler von auffallender Kraft und Reinheit aufweist. Zwei enorme Glockentürme, von denen sich der eine über der Vierung, der andere über der Kuppel erhebt, verstärken noch die für die katalanische Gotik so charakteristische vertikale Linienführung.

Vor dem Hochaltar steigt man auf einer kleinen Treppe in die Krypta der heiligen Eulalia hinab, der Schutzherrin der Stadt, deren Reliquien in einem italienischen Sarkophag aus weißem Marmor aufbewahrt werden.

11/12 Die Ramblas, einst von Gebirgsbächen ausgewaschen, verkörpern heute am deutlichsten Geist und Atmosphäre der Stadt. Sie sind der öffentliche Treffpunkt aller Bewohner, gleicherweise beliebt als Markt, zum Promenieren, als Stelldichein. Hier kommt man vorbei, wenn man in der Stadt zu tun hat, hier schaut man sich in aller Ruhe die Schaufenster an, hier läßt man sich auf der Terrasse eines Cafés nieder oder mietet sich einen Stuhl im Schatten der Bäume.

13–16 Das jüngste und erstaunlichste religiöse Bauwerk von Barcelona ist die Basilika La Sagrada Familia (Die Heilige Familie), von dem genialen Architekten Antonio Gaudí geschaffen. Der Bau wurde 1884 begonnen, konnte jedoch zu seinen Lebzeiten nicht fertiggestellt werden; noch heute wird daran gearbeitet. Von diesem Architekten wurde auch das an der Ecke Paseo de Gracia/Calle de Provenza stehende Gebäude entworfen, das den Namen «Pedrera» (wörtlich: der Steinbruch) trägt. Weiter erbaute Gaudí für seinen Mäzen, den Grafen von Guëll, einen Palast, der heute als Theatermuseum dient, sowie die besonders originelle Parkanlage Guëll mit ihren Säulengängen, die auf schräg gebauten Säulen ruhen, und mehreren riesenhaften Tiergestalten, die um den großen Springbrunnen gruppiert stehen.

17 Der Montserrat stellt ein geologisches Kuriosum dar; der Berg erhebt sich abrupt aus einer flachen, ruhigen Landschaft und streckt seine seltsam geformten felsigen Gipfel in den Himmel. In dieser eigentümlichen Landschaft wurde im Hochmittelalter das bedeutendste Kloster von Katalonien gegründet. Im Laufe der vergangenen Jahrhunderte haben sich noch fünf Eremitagen um das Kloster herum angesiedelt, nämlich Santa Maria, San Aciclo, San Pedro, San Martin und San Miguel. Obwohl ihre Gründung nicht so weit in die Vergangenheit zurückgeht wie das Kloster selbst, sind sie alle in einem schönen romanischen Stil gebaut worden. Der Wirkungskreis der Benediktiner von Montserrat ist sehr weitreichend. Das Bibelmuseum des Klosters, mit Sammelstücken aus Ägypten, Mesopotamien und Palästina, ist sogar einzigartig in Spanien. In der schön eingerichteten Pinakothek befinden sich beachtenswerte Werke, darunter ein heiliger Hieronymus von Caravaggio.

18/20 Die wichtigsten Naturprodukte der Iberischen Halbinsel sind dieselben wie in allen Mittelmeerländern, nämlich Wein, Oliven, Apfelsinen, Zitronen und andere Früchte. Auf dem Hochplateau liegen wegen des rauhen Klimas, des Regenmangels und der felsigen Erde weite Gebiete brach. Die Täler und das feuchte Tiefland hingegen sind außerordentlich fruchtbar, und besonders die nördlichen Landesteile sind reich an Weiden sowie Korn- und Maisfeldern.

19/20 Loarre, Huesca. Die Kirche, das königliche Schloß und das Kloster wurden vom Papst 1071 gebilligt und geweiht. Man kann die kriegerisch anmutenden

19
20

23

24 25

Bauwerke als die wichtigste Einheit der romanischen Architektur Spaniens betrachten. Die Abtei und das Schloß sind typische Zeugnisse des 11. und 12. Jahrhunderts, obwohl sie auch Bauelemente von mozarabischem Einschlag aufweisen. Die Kapitäle der Kirche sind reich skulptiert; ihr Stil steht im Zusammenhang mit der Kunst von Jaca und zeigt auch Parallelen mit den Arbeiten in Iguacel. Das Kloster gehört heute den Domherren des Augustinerordens.

21/22 Huesca. Eine kleine Stadt in Aragón, auf einem Hügel gelegen, von dem aus man die weite Ebene, die Hoya de Huesca, überblickt. Zur Zeit der Römer hieß die Stadt Osca, diente später den Arabern als Festung und wurde 1096 nach der Rückeroberung die Hauptstadt der Provinz Aragón. Die Kathedrale, ein gewaltiger gotischer Bau, erhebt sich mitten über der Stadt und wurde in mehreren Etappen vom 13.–16. Jahrhundert errichtet. Apostel- und Heiligenfiguren zieren das Hauptportal. In der Apsis steht der im 16. Jahrhundert von Damian Forment geschaffene Hochaltar aus Alabaster, der das Leiden des Erlösers darstellt.

23 An der alten Pilgerstraße nach Santiago (Camino de Santiago) in Aragón, am Kreuzweg der beiden Hauptverbindungen über die Pyrenäen – der «Canal», der nach Navarra führt, und die ehemalige Römerstraße nach Frankreich –, liegt die Stadt Jaca. Im Mittelalter war sie die Hauptstadt des ersten Königreiches von Aragón. Sie wurde am linken Ufer des Flusses Aragón am Fuße eines felsigen Gebirgsvorsprungs (Peña Oroel) erbaut und ist 78 km von Huesca und rund 30 km von der Grenzstelle Canfranc entfernt. Jaca ist ein wichtiger Ort für den Verkehr über die Pyrenäen.

Der Bau der Kathedrale begann 1054 und muß spätestens 1063 fertig gewesen sein, da in jenem Jahr ein königliches Konzil in Jaca stattfand. Ihre Pracht wurde schon damals mit den Worten verherrlicht: «Sie übertrifft alles, was man bis dahin auf dieser Seite der Pyrenäen gekannt hat.» Sie ist nicht nur als Werk der Architektur bewundernswert, sondern auch die Skulpturarbeiten sind von erstaunlicher Schönheit. Die historischen Motive der Kapitelle könnten in ihrem Realismus und ihrer vitalen Ausdruckskraft von griechisch-archaischen Arbeiten beeinflußt sein und lassen sich auch mit den schönsten altchristlichen Skulpturen vergleichen.

24–26 Burgos. Diese Provinzhauptstadt liegt fast 900 m über dem Meeresspiegel. Im 10. und 11. Jahrhundert war Burgos Hauptstadt von Altkastilien, der Heimat des Cid, des berühmten Helden der Feldzüge gegen die Araber. Das Stadtbild wird von der rein gotischen Kathedrale Santa Maria beherrscht. Mit ihrem Bau wurde 1221 begonnen, und schon 1230 wurde sie geweiht, obwohl noch drei Jahrhunderte lang an ihr weitergearbeitet wurde. Sie ist enorm groß, und mit ihren zahlreichen Kapellen, den reich ausgestatteten Innenräumen, den Altaraufbauten und Grabmälern – unter anderem dem des Cid – gehört sie zu den schönsten religiösen Bauwerken Spaniens.

27/28 Der lebendigste Stadtteil von Burgos ist zweifellos der Paseo del Espolón. Diese Promenade, die am Ufer des Arlanzón entlangführt, beginnt bei der Brücke San Pablo und führt nach einem 200 m langen, leichten Gefälle zum Arco de Santa Maria. Zur Sommerzeit bilden die beiden Platanenreihen einen wahren Tunnel grünen Laubes, in dessen Schatten und Frische sich die Stadtbewohner ein Stelldichein geben.

29 Die allgegenwärtige Guardia civil mit dem lackierten Dreispitz.

34 La Coruña. Mit seinem sehr lebendigen Handelshafen ist La Coruña ein wichtiger Ort Nordspaniens und zugleich das größte Fischereizentrum der Provinz Galizien. Die Häuser des Fischerviertels La Marina bilden einen architektonisch einzigartigen Stadtteil; es sind alles vier- oder fünfstöckige Gebäude, deren Fassaden ganz aus Glasfenstern bestehen und die im vergangenen Jahrhundert an der gesamten Strandpromenade entlang errichtet wurden.

37 Obwohl Spanien kein wichtiges Industrieland ist, haben sich während der letzten Jahre mehrere Industriezweige stark entwickelt, vor allem in der

Metallurgie und der Konservenindustrie. Das Land verfügt außerdem über reiche Erzvorkommen, wie Blei, Zinn, Silber und Kupfer, und ist sogar der erste Produzent von Quecksilber in der Welt. Zur Entwicklung der Bergwerkindustrie bedarf es jedoch noch einer Reform der Fördermethoden und einer Modernisierung der technischen Ausrüstung.

30–33 Der Küstenstreifen von La Cruz de Ribadeo bis El Vicedo ist eine einzige
39/40 Perlenkette von Stränden, Förden, Buchten, Riffs und Klippen. Es ist viel-
42 leicht die schönste Strecke an der Nordwestküste, wo Eichen, Pinien und Eukalyptusbäume wachsen und sich sogar grünes Gras bis zum Meeresstrand erstreckt. Über das Cap de Moras gelangt man in die recht weite Förde von Vivero, einer kleinen, malerischen Stadt in der Provinz Lugo, deren romanische Kirche Santa Maria del Campo in ganz Spanien bekannt ist. Die größte Anziehungskraft von Vivero übt jedoch das Malecón aus, ein Stadtviertel, in dem es zahlreiche Häuser mit Galerien gibt. Schließlich ist Vivero auch als Fischereizentrum und besonders für die Zucht von Tafelmuscheln bekannt.

35, 36, 38 Santillana del Mar. Diese kleine Stadt hat einen überraschenden Charme. Eigentlich ist sie ein historisches Monument in sich, denn auf Schritt und Tritt findet man Paläste, Häuser und andere Bauwerke aus der Zeit vom 13.–18. Jahrhundert; erwähnt seien hier die Torre del Merlino, die Casa de la Villa, das Kloster Regina Coeli und der Barreda-Bracho-Palast, der heute als staatlich geführtes Hotel Parador Gil Blas heißt. Außerdem herrscht in Santillana noch immer eine besonders elegante Atmosphäre, denn in den hochherrschaftlichen Häusern und den Palästen wohnte einst ein sehr kultivierter Landadel.

35
36

37
38

41 42

43
44

45
46

41 Die Stiftskirche von Santillana wurde im 12. Jahrhundert an der Stelle einer früheren Kirche erbaut. Sie gilt als das wichtigste romanische Bauwerk Kantabriens. Für die Architektur bestimmend ist das dazugehörige Kloster mit seinen nur leicht angedeuteten Bogen, die auf herrlichen Kapitellen ruhen und bereits über ihren Zeitstil hinaus deuten. Die Ornamentik dieser Kapitelle zeigt Motive aus der Fauna und Flora sowie zahlreiche geschichtliche Szenen religiöser und weltlicher Art.

43–46 Santiago de Compostela. Als Stadt läßt sich Santiago de Compostela kaum mit einer anderen in Spanien vergleichen, denn ihre aus verschiedenen Stilepochen stammenden Bauwerke, die sich harmonisch um die Kathedrale gruppieren, haben eine unvergleichliche Synthese von Romantik, Mittelalter und Barock geschaffen; im Mittelalter war sie eine der drei Hochburgen der Christenheit.

Der Grundriß der Basilika ist das lateinische Kreuz mit Chorumgang und Triforium. Sie wurde im 13. Jahrhundert erbaut; ihre Obradoiro genannte, überreich mit Statuen und Ornamenten geschmückte Fassade, die von zwei Türmen flankiert wird, steht in scharfem Kontrast zum übrigen Bau, dessen romanische Architektur eher nüchtern wirkt.

Verläßt man die Altstadt mit ihren schmalen, malerischen Arkadengassen, gelangt man auf die weite Plaza de España, wo das Hostal de los Reyes Católicos den Blick sogleich auf sich zieht. Es wurde Ende des 15. Jahrhunderts von Ferdinand von Aragón und Isabella von Kastilien gegründet und diente als Unterkunft und Pflegestätte der Pilger, die nach Santiago de Compostela kamen. Im 17. Jahrhundert wurde das Bauwerk noch verschönert, und heute ist das Hostal de los Reyes Católicos das feudalste Hotel in Spanien, das nichts von seiner Anziehungskraft und kunsthistorischen Bedeutung eingebüßt hat.

47 Künstlerisches Können manifestiert sich auch im bescheidenen Kunsthandwerk. Die Arbeit dieser Handwerker beruht auf alten Traditionen. Die sogenannten «azulejos» werden in Altkastilien und Andalusien hergestellt.

48–51 Die Weideplätze im Landesinnern sind zwar ausgedehnt, aber nicht sehr ertragreich und dienen vor allem der Schafzucht. Die Tiere werden zur Sommerzeit in die kühleren Höhen getrieben und für den Winter wieder hinuntergeführt. Die Schafe machen den weitaus größten Teil allen Weideviehs von Spanien aus. Die klimatisch und geographisch bedingte Unregelmäßigkeit in der natürlichen Wasserversorgung stellt das Land vor schwierige Probleme, die man soweit wie möglich durch Kanalisationen und die Anlage von Sammelbecken zu lösen versucht. Weite Gebiete in Badajoz, Jaen und Zaragoza haben durch solche Bewässerungsarbeiten ein neues Gesicht bekommen.

52, 57 Segovia. Der Alcazar. Wenn man sich von der Stadt her, die auf dem Vorsprung eines Gebirgsausläufers erbaut ist, der Zugbrücke nähert, die zum Torre de Homenaje und zu der Befestigung führt, dann bietet die ganze Anlage des Alcazar ein ungemein faszinierendes Bild. Der Turm der Homenaje, ein gewaltiger rechteckiger Festungsbau aus gehauenen, geometrisch gesetzten Steinen, legt wie das gesamte Innere des Alcazar Zeugnis ab von der Ungezwungenheit der spanischen Baukunst im Mudejarstil. Unter der Herrschaft Philipps II. wurden einige Änderungen vorgenommen, Fenster in die Burgmauern gebrochen, und die Türme der Befestigungsanlage erhielten Schieferdächer. Im Jahre 1598 errichtete Francisco de Mora, ein Schüler Herreras, die beiden Laufgänge und die Haupttreppe im Patio.

53 Segovia. Die Kathedrale. Mit ihrem Bau wurde 1522 begonnen, und zwar auf den Ruinen der alten Kathedrale, die die Comuneros 1520 zerstört hatten. Sie ist ein hervorragendes Zeugnis der Spätgotik des 16. Jahrhunderts. Der hohe Turm, der Chor mit seinen wuchtigen Baumassen und die Kuppel über dem Kreuzgewölbe wirken sehr eindrucksvoll. Der Innenraum hingegen zeichnet sich durch seine Schwerelosigkeit aus, die in der Perspektive des Chorumganges besonders deutlich zur Geltung kommt. Zahlreiche skulptierte Retabel verdienen Beachtung.

54/55 Der Aquädukt. Wahrscheinlich noch unter Kaiser Augustus erbaut, ist dieser Aquädukt neben dem Hadrianskolosseum in Rom wohl das großartigste erhaltene Bauwerk der römischen Zeit. Dies ist um so überraschender, als es in der weiteren Umgebung von Segovia keine anderen bemerkenswerten Gründungen aus der Römerzeit gibt. Aus 166 Bögen bestehend, erreicht der Aquädukt genau in der Mitte der Stadt die maximale Höhe von 28,90 m. Das Baumaterial ist gehauener Granitstein, der ohne Mörtel oder Zementmischung direkt aufeinandergesetzt wurde. Die Bögen, die im 11. Jahrhundert während der Eroberung der Stadt durch die Mauren zerstört wurden, hat man im 15. Jahrhundert wiederaufgebaut.

56 Die Casa de los Picos. Mit einer Fassade aus Diamantquadern im 16. Jahrhundert erbaut, war dies der Sitz des Corregidor, des Stadtrichters. Hier wurden die Könige empfangen, die sich verpflichten mußten, die Privilegien und Gesetze der Stadt zu respektieren.

58/59 Casa de las Conchas. Dieser Palast gehört zu den berühmtesten Bauwerken Spaniens. Seine Architektur bezeugt die ungemeine Originalität, deren die kastilischen Baumeister fähig waren, konnten sie sich einmal von den Vorbildern anderer Länder befreien. Er wurde 1512 für Talavera Maldonado, Professor an der Universität, Stadtrat und Ritter des heiligen Santiago, erbaut; der Name stammt von den Muschelverzierungen, die der Architekt an der Palastmauer im Schachbrettmuster angebracht hat. Die Casa de las Conchas ist ein Musterbeispiel des isabellinischen Stils in seiner höchsten Blüte. Das Portal ist außen von einem großen Giebel mit komplizierten Dekorationselementen überdacht. Die Fenster des Stockwerks sind mit kunstvoll geschmiedeten Gittern versehen, die zu den feinsten Schöpfungen der spanischen Handwerkskunst gehören.

60 Salamanca. Das antike Salmantica, das Hannibal im Jahre 217 v. Chr. einnahm und das nach längerer maurischer Herrschaft von Alfons VI. im Jahre 1085 zurückerobert wurde, ist vor allem durch seine im 13. Jahrhundert gegründete Universität berühmt. Noch heute findet man ehemalige Schulen, Klöster und Paläste aus dem Mittelalter und der Renaissance. Das Portal zur Universität ist ein Meisterwerk im Platereskenstil aus dem frühen 16. Jahrhundert; über zwei flachen Bögen sieht man eine Art riesigen Altarstein, über dem sich eine reichgeschmückte Balustrade in drei aufgestockten Unterteilungen befindet; zahlreiche Ornamente, vor allem aber die Wappenschilder sind von sehenswerter Schönheit. Der Innenhof dieser ehrwürdigen Universität, auf den man aus den ehemaligen Vorlesungssälen hinunterschaut, wird von Rundgängen mit Arkaden in einem Spitzbogenstil umgeben.

50 51

M.O.P
DIRECCION GENERAL DE OBRAS HIDRAULICAS
DIRECCION GENERAL

56
57

Casa de
Las Conchas

SUSCRICION
NACIONAL

62 63

61 Plaza Mayor. Die Plaza Mayor ist die wichtigste Stadt- und Wohngegend von Salamanca; sie gehört wohl zu den größten und gelungensten Anlagen dieser Art in ganz Spanien. Die Bauarbeiten begannen im Jahre 1729 nach einem Plan von Alberto Churriguera und wurden 1733 abgeschlossen. Die Häuser haben alle drei Stockwerke, von denen die beiden unteren durchgehende Balkons aufweisen. Die Arkaden zählen insgesamt 90 Bögen.

62/63 Das Kloster der Dueñas, der Herrinnen, wurde 1419 mit einer Fassade im Platereskenstil erbaut. Der zweistöckige Innenhof ist viereckig und zählt auf jeder der vier Seiten acht Arkaden. Die Säulen und Pfeiler haben ausnehmend schön gearbeitete Kapitäle, und die Eckpfeiler werden von Medaillons geschmückt.

64 Auf einem sich 1130 m über den Meeresspiegel erhebenden Berg liegt Avila, das damit die höchstgelegene Stadt Spaniens ist. Sie ist von imposanten Festungsmauern umgeben, die ihr gegen den Hintergrund der schneebedeckten Bergspitzen von Gredos den Eindruck einer Trutzburg verleihen.

Avila gleicht einem gewaltigen Bühnenbild aus dem Mittelalter. Die Festungsmauern sind die ältesten und am besten erhaltenen Spaniens. Die Gesamtanlage mit 88 Türmen und 2500 Zinnen umreißt die Form eines Vierecks. Man kann durch neun verschiedene sehenswürdige Tore in die Stadt gelangen; einige von ihnen, wie z.B. das Tor San Vicente und das Tor Alcazar, die beide an der Ostflanke der Mauer liegen, sind besonders schön. Es handelt sich hier um den ältesten Teil der Mauer, die durch den großartigen Cimorro auffällt, ein riesiges Stück Mauerwerk, das die Apsis der Kathedrale bildet, die aber in die Festung einbezogen ist. Letztere gilt als das wichtigste

Zeugnis der spanischen Militärarchitektur aus dem 12. Jahrhundert. An der Nordseite gelangt man durch das Tor Carmen in das Stadtinnere, im Westflügel durch das Tor del Puente oder das Tor San Segundo, das von zwei großen Türmen flankiert wird.

Die Bauarbeiten an der Mauer, die von 1090–1099 dauerten, also neun Jahre, wurden von dem Geometriemeister Casandro und dem französischen Baumeister Florin de Pituenga geleitet. Die durchschnittliche Höhe beträgt 12 m, die Breite 3 m. Als Material wurde Gestein von älteren Bauten benutzt, wie gehauene Steine aus der Römerzeit oder Reste von Grabmälern und früheren Befestigungen.

65 Valladolid. Hauptstadt einer Provinz, die im Herzen der Meseta central liegt, einer eher nüchternen Landschaft, durch deren weite Ebene sich die grüne Linie des Flusses Duero zieht. Das Gebiet ist reich an Burgen, Kirchen und großen Klöstern. Die Mönchsschule San Gregorio z.B. wurde von 1488–1496 erbaut. Durch das Hauptportal, das an eine isabellinisch-gotische Altarwand erinnert, gelangt man in einen Patio, dessen Säulen einen prächtigen Überbau im Plratereskenstil tragen. In seiner Gesamtheit ist dieses Kloster ein herrliches Beispiel für die Kunst der Vorrenaissance. Heute befindet sich hier das Nationalmuseum für Bildhauerkunst, das die in seiner Art umfangreichste Sammlung von Kastilien besitzt.

COFRADIA DEL STO ENTIERRO
BERC ANOS

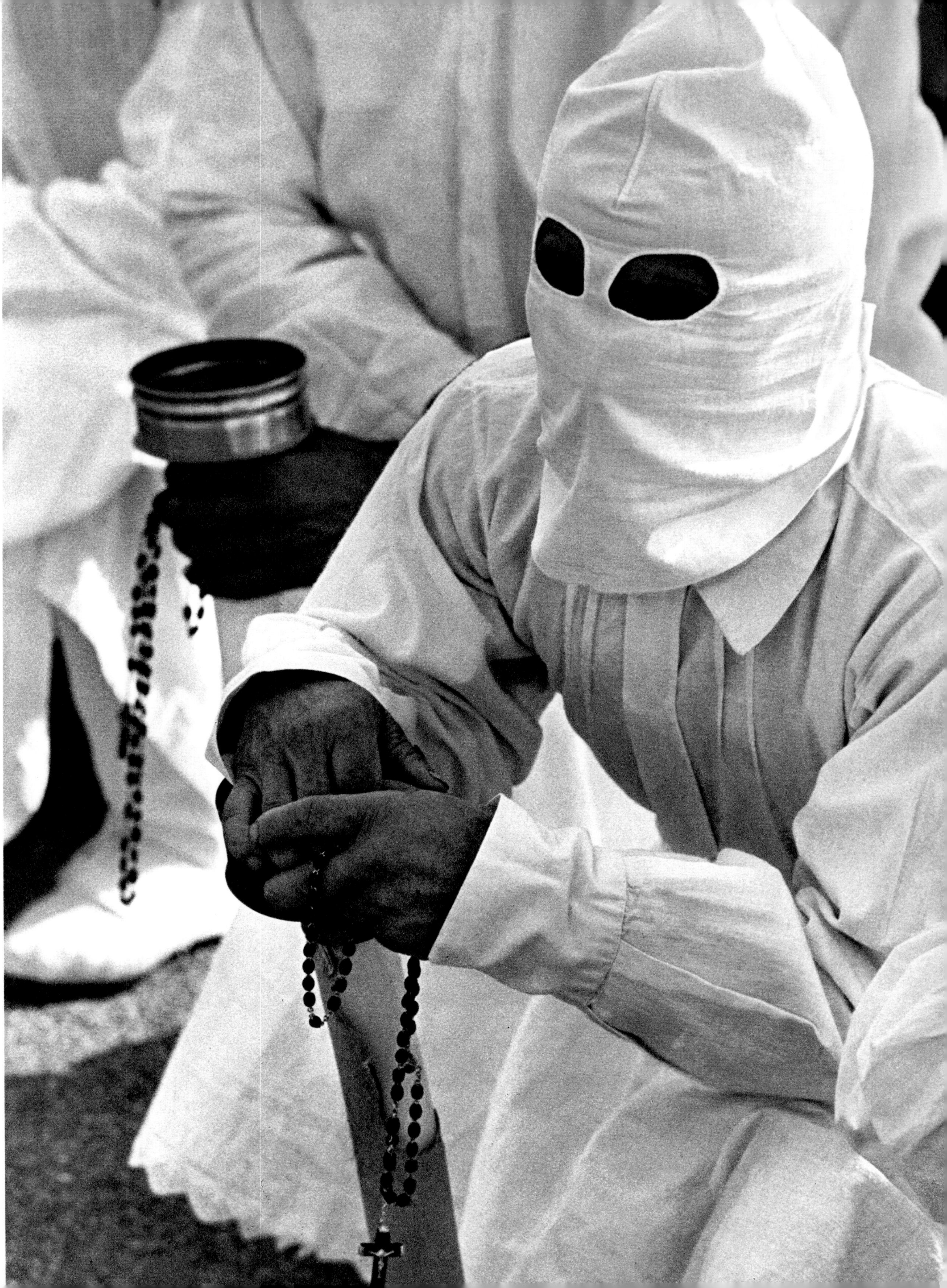

69 70

66–71 Semana Santa. Die Prozession beginnt in Bercianos de Aliste, einem kleinen, im Norden der Provinz Zamora gelegenen Dorf, am Karfreitagnachmittag. Während der Heiligen Woche scheint die ganze Größe und Ungeheuerlichkeit des Mittelalters in diesem Spanien aufzuerstehen, wo die katholische Kirche noch tiefer verwurzelt ist als in irgendeinem anderen Lande. In dieser Woche kann man in das wahre Antlitz Spaniens, das zugleich älteste, malerischste, aber auch beunruhigendste, schauen. Zum dumpfen Rhythmus der Trommeln setzt sich die Prozession in Bewegung. Als erstes sieht man eine Gruppe Büßermönche, die barfuß in ihren Kutten und mit dem schwarzen Tuch des Todes voranschreiten. Es kann geschehen, daß sich ein Zuschauer aus der Menge löst und eine «Saëta» (wörtlich: einen Pfeil) singt, die wirklich so klingt, als richte der Sänger einen pfeilscharfen Ruf an die vorübergetragene Christusfigur oder an die Heilige Jungfrau, mit dem er ihr seine Liebe und sein Leid vorträgt; es ist ein Schrei, der den Schmerz und die Hoffnung des Volkes ausdrückt und dessen Worte und Töne der Inspiration des Augenblicks entspringen.

72 Die Provinz Toledo in Altkastilien setzt sich abwechselnd aus Flach- und Bergland zusammen, das bis an die Grenze der kahlen Gipfel von Pinien- und Steineichenwäldern bewachsen ist. Die Dörfer haben ihr kastilisches Eigenwesen bewahrt, wo auch immer sie liegen, zu Füßen der Felsmassen, am Ufer eines Flusses oder in der Ebene verstreut.

73–76 Toledo. Die Stadt liegt 500 m hoch auf einem Hügel, zu dessen Füßen der Tajo rundum einen natürlichen Schutzgraben bildet. Mitten aus einer harten, wilden Landschaft ragen die grauen und ockerfarbenen Stadtmauern von

77 78

Toledo gegen den Himmel, das eine der malerischsten und der Vergangenheit am stärksten verhafteten Städte Spaniens ist. Zwei Brücken führen den Besucher über den Tajo in die Stadt; die Alcantara-Brücke zum Viertel San Servando und zum Bahnhof, die Sankt-Martins-Brücke zu den Cigarrales. Der größte Teil von Toledo ist sehr alt, und die engen, krummen Gassen, die hie und da treppenförmig an großartigen alten Gebäuden vorbeiführen, verleihen der Stadt ihren eigentümlichen Reiz. Unter den wichtigen Bauwerken seien vor allem die Kathedrale, der Alcazar und das Wohnhaus und Museum von El Greco genannt. Der im Bürgerkrieg zerstörte Alcazar ist inzwischen wieder aufgebaut worden.

77–79 Aranjuez war mit dem Escorial, der Granja und dem Pardo eine der vier königlichen Residenzen, die von den spanischen Herrschern besonders geschätzt wurden. Von dieser Bevorzugung legen in Aranjuez zwei herrliche Paläste sowie großartige Gartenanlagen beredt Zeugnis ab. Mitten in der kargen Meseta Kastiliens gelegen, wirkt Aranjuez mit seinen grünen Rasenflächen und langen Baumalleen wie eine Oase.

80–89 Madrid. Madrid ist die höchstgelegene Hauptstadt Europas und geographischer und politischer Mittelpunkt Spaniens; dank seinem lebendigen Modernismus kann es sich mit jeder Großstadt in Europa messen. Die einzelnen Stadtviertel sind sehr großzügig angelegt; als Beispiele seien die Viertel um den Paseo del Prado, den Paseo de Recoletos, den Paseo de la Castellana, die Avenida José Antonio genannt, die sich über die Calle de Alcalá bis zur Plaza de Independencia hinüberziehen. Überall reihen sich die Geschäfte, Hotels, Kinos, Banken aneinander, und die zahlreichen Cafés sind von den Touristen wie den Einheimischen den ganzen Tag über, vor allem aber an den Abenden, zum Bersten gefüllt.

In den letzten Jahren hat sich Madrid enorm vergrößert und zählt heute fast drei Millionen Einwohner. In gewisser Weise setzt es sich aus mehreren Städten zusammen; es gibt das Madrid des Österreichischen Hauses bzw. der beiden Könige Philipp, das Madrid der Bourbonen bzw. der Carlos-Könige, das Madrid Goyas; es gibt auch das Madrid des Prado-Museums, das romantische Madrid und das der Isabella-Königinnen, ferner das besonders malerische Madrid des Flohmarktes, des Rastro, das Madrid der Toreros und des Flamenco und noch andere. So hat die Stadt für jeden Geschmack und für jedes Temperament etwas zu bieten.

Jede Entdeckung der Stadt sollte jedoch bei der Puerta del Sol beginnen, schon weil die Häusernumerierung aller Straßen stets von diesem Platz ausgeht, was die Orientierung erleichtert.

Königlicher Palast – Avenida José Antonio bei Nacht – Avenida José Antonio am Nachmittag – Calle Mayor – Stadtviertel südlich der Puerta del Sol – Plaza de España mit dem Rastro.

90 Der Escorial. Der Bauplan der Klosteranlage gleicht einem Bratrost und soll an das Instrument erinnern, mit dem der heilige Lorenzo gemartert wurde. Der Bau wurde von König Philipp II. von 1563–1595 zu Ehren seines Sieges von Saint-Quentin errichtet. In diesem gigantischen Heiligtum ruhen auch die spanischen Herrscher, als erster wurde Karl V. (in Spanien Karl I. genannt) hier beigesetzt. Der als Museum eingerichtete Teil enthält Werke von Cellini, Ribera, Velázquez, Tizian, Veronese, Guercino und anderen.

GALERIAS
PRECIADOS
LAGER

LOT
TWA
BEA
VIVAR

CONTRA EL 'GANG' DEL
GOTERA
"GO-GO"
PRET A
PORTER
LES
CUATRORUEDA
FAMOSAS
EN
SHORT,
lectura para la primavera
COLLECTION
FAMOSAS
EN
SHORT,
lectura para la primavera
ediciones de bolsillo
DRID
LITERARIO

84 85

PELUQUERIA
Leif
HOSTAL
Lauria
H
EXCELSIOR
PELUQ A
SEÑO S
HOS L
EXCEL OR

GENERAL ELECTRIC

91–96 La Mancha. Die Mancha ist nicht mehr jene rauhe, wüstenähnliche, unfreundliche Landschaft, als die sie Cervantes beschrieb. Schon die vielbesungenen Mühlen zeugen davon, daß hier seit langer Zeit Getreide angebaut wird. Heute kommt die Viehzucht hinzu, und man findet überall Haciendas, große Bauernhöfe und Landsitze, sowie hübsche Dörfer mit ihren wohlgruppierten, blendend weiß getünchten Häusern. Sie alle, wie Campo de Criptana, Belmonte, Quintanar de la Orden, Mota del Cuervo, Puerto Lapice, sind Ausdruck der zweifachen geschichtlichen und landwirtschaftlichen Rolle, die sie in der Entwicklung der Mancha gespielt haben. Meistens handelt es sich um kleine Marktflecken, deren Straßen sich einfach im freien Feld verlieren.

97 In der Provinz Murcia sind die Vorbedingungen für Land- und Ackerbau besonders günstig. Wein, Zitronen-, Mandel- und Olivenbäume, die Grundelemente aller Bodenkultur der Mittelmeergebiete, sind hier reich vertreten. Im September, wenn die Pimientas, die berühmten spanischen Pfefferschoten, reifen, die den wichtigsten Anteil des landwirtschaftlichen Einkommens von Murcia ausmachen, dann färben sich die Hügel rund um Lorca rot.

98 Ciudad encantada. Die Ciudad encantada, 35 km von Cuenca entfernt, ist ein seltsames Gebilde von Kreideablagerungen, die durch das rieselnde Wasser und die äolischen Erosionen phantastische Formen angenommen haben und den Eindruck einer verzauberten Ruinenstadt erwecken.

99/100 Cuenca. Kein Provinzzentrum Spaniens hat eine so eigentümliche Stadtanlage wie Cuenca. Es liegt auf einem Hügel mitten zwischen den Berggipfeln der Serrania, wird aber von der Umgebung durch tiefeingeschnittene Schluchten der Flüsse Jucar und Huecar getrennt. In die Stadt gelangt man über acht

94

95
96

Brücken durch sieben Tore. Die Wohnhäuser, die «casas colgadas», klammern sich gleichsam an die Hänge und bilden mit ihren überhängenden Balkons ein besonderes Charakteristikum dieser Stadt.

101 Die spanische Halbinsel besteht vorwiegend aus einer riesigen zentralen Hochebene, die langsam gegen Portugal abfällt. Die inneren Landesteile liegen höher und sind wegen ihres trockenen und kälteren Klimas auch schwächer besiedelt als die Küstenstreifen, bilden jedoch ein ausgezeichnetes Weideland.

102 Elche. Dieser in Europa einzigartige Palmenwald erstreckt sich weit über das eigentliche Stadtgebiet hinaus. Die typischsten Haine liegen ungefähr 20 km südlich der Stadt in der Nähe von Albatera, Callosa und Orihuela im Tal des Flusses Segura. Der Anbau der Palmen geht auf die Karthager zurück.

103–105 Costa Brava, Costa del Sol, Costa Dorada, Costa del Azahar, Costa Blanca, Costa de la Luz – Spanien ist dank seinen zahlreichen Badeorten an den Küsten seit gut zehn Jahren das Hauptziel des Tourismus in ganz Europa geworden. Schwärme von Reisenden – 1971 waren es 30 Millionen –, alle gewappnet mit Neugierde, Geduld, großen Ansprüchen und allerlei Berechnung, überschreiten in der Hochsaison die wichtigsten Grenzstellen und bringen dem Land nicht nur die zur wirtschaftlichen Entwicklung erwünschten Devisen, sondern tragen auch Keime einer Wandlung und Veränderung, ein Virus der Modernisierung ins Land, die sich schneller als erwartet auswirken. Nichts hat das Leben in Spanien stärker verändert als dieses plötzliche und massive Eindringen von Ausländern, das sich zur ertragreichsten Industrie des Landes entwickelt hat. Um diese Besucherströme gut unterzubringen, sind ganze Satellitenstädte mit zehnstöckigen Häusern gebaut worden. So wurde z.B. aus dem entzückenden kleinen Fischerdorf Torremolinos der Abklatsch einer modernen Großstadt. Glücklicherweise haben sich nicht alle Küstenorte dem Druck der lauten, fremden Massen gebeugt; einige Stellen, wie Marbella oder Carboneras, haben ihre Schönheit zu wahren gewußt. Auf einem hügeligen Vorsprung direkt am Meer liegt Benidorm mit zwei Stränden, die sich mit ihrem feinen, weißen Sand über 5 km hinziehen. Dieser modern angelegte Ort hat sich mit rasender Schnelligkeit entwickelt, und eine große Anzahl von Hotels, Campingplätzen, Mietwohnungen und Restaurants sorgt für die Bequemlichkeit der Besucher.

106 Südlich von Valencia liegt ein Lagunengebiet aus dem Alluvium, das lange Zeit ungenutzt blieb. Heute werden auf diesem mehrere Kilometer breiten Landstreifen Zitrusfrüchte angebaut, die die Hälfte der gesamten spanischen Produktion ausmachen.

107 Calahorra liegt 1257 m hoch im Bereich der Sierra Nevada. Vorherrschend ist das Schloß aus dem 16. Jahrhundert, das von dem Architekten Lorenzo Vázquez erbaut und von lombardischen Handwerkern ausgeschmückt wurde. Die Strenge der mittelalterlichen Außenansicht kontrastiert auffallend mit der Innenausstattung, einem Meisterwerk der italienischen Renaissance.

108–112 50 km von Granada entfernt liegt am Ufer des gleichnamigen Flusses die Stadt Guadix. Sie hat ihre Eigenart bewahrt, weist einen großen Marktplatz mit Arkadengängen, eine Kathedrale und dahinter ein Turmschloß mit alten Wappen und einem recht eleganten Patio auf. Die Sehenswürdigkeit von Guadix ist jedoch das «Barrio de Santiago»; dieses Stadtviertel besteht aus

99 100

104

105

Höhlen, die in den Tuffstein gegraben sind und in denen Zigeuner ihre Wohnstätten eingerichtet haben.

113 Jaen. Diese Hauptstadt der Provinz gleichen Namens liegt auf 500 m Höhe am Fuß des Cerro de Santa Catalina. Besonders sehenswert ist ihre Kathedrale, eine der größten Renaissancekirchen in Spanien. Ihre erste Bauetappe fällt in die Jahre 1492–1519; die Arbeiten wurden dann von Andrés Vandelvira im Jahre 1546 wiederaufgenommen, aber erst 1802 endgültig abgeschlossen. Vom architektonischen Standpunkt aus gesehen, ist besonders die Sakristei hervorzuheben, die als einmaliges Meisterwerk unter den kirchlichen Bauten Spaniens dasteht.

114 Grazalema. Die andalusische Provinz Cádiz ist der südlichste Teil Spaniens mit einer sehr abwechslungsreichen Landschaft. Der arabische Einfluß macht sich besonders in den engen Gassen der Stadt Cádiz bemerkbar, die von hohen Häusermauern gleichsam eingeschlossen scheinen; nur hier und da sieht man ein Fenster, das mit üppig wachsenden Geranien geschmückt ist. Eine besonders interessante Strecke in dieser Provinz führt von Arcos de la Frontera, einem unberührten, typisch andalusischen Dorf, nach Grazalema, das zu Füßen der Sierra liegt und seines gesunden Klimas wegen gern besucht wird.

115/116 Die Landschaft von Córdoba ist sehr abwechslungsreich. In der Sierra herrschen weite Wälder vor, in denen es an Klein- und Großwild nicht mangelt, sowie zahlreiche Täler von bemerkenswerter Schönheit. An den Ufern des Guadalquivir breiten sich die Obstgärten aus, unter denen der Orangenhain von Palma del Rio der größte in ganz Andalusien ist. In der Campiña schließlich verliert sich das Auge in wogenden unendlichen Weiten, den Olivenhainen, Weizenfeldern und Baumwollpflanzungen, die sich je nach der Jahreszeit grün oder gelb färben.

117/118 Cabo de Gata. Von Almería gelangt man auf einer Landstraße, «Cañada de San Urbano» genannt, zu dem 30 km entfernten Hijcar und zum Cabo de Gata. Außer herrlichen Stränden liegen in diesem Gebiet auch bedeutende Erzvorkommen und Salzteiche. Hinter dem Vorgebirge des Cabo de Gata schließlich erhebt sich die weit auseinandergezogene Sierra de los Filabres.

119 Andalusien ist eine der typischsten Landschaften Spaniens. Sie umfaßt den gesamten Süden des Landes, der vom Guadalquivir durchzogen wird und in dem sich das große Bergmassiv der Sierra Nevada erhebt.

120 Der über 200 km lange Küstenstreifen der Provinz Almería reicht von Pulpi, das an der Grenze der Provinz Murcia liegt, bis Adra. Zwischen diesem bekannten Touristenort und Almería erstreckt sich über gut 70 km Länge der riesigste und erstaunlichste Garten Spaniens; auf schmalen, dem Meer abgerungenen Landstrichen wachsen vor allem grüne Bohnen und Tomaten, die von Tausenden von Schilfrohren gegen den Meereswind geschützt werden.

121 In dem rotfarbenen Boden, durch den sich der Guadalquivir zieht, wachsen Tausende und aber Tausende von Olivenbäumen, die sich in der Unendlichkeit zu verlieren scheinen. Hier werden die Tafeloliven geerntet, die zurecht als die berühmtesten in der Welt gelten. Unter den grünen Oliven unterscheidet man zwei Sorten: die kleine saftige Manzanilla und die größere und fleischige Gordal. Letztere wird meist entkernt und mit dem Fleisch der roten Pfefferschote gefüllt. Der Wert einer Jahresproduktion dieser Oliven wird auf 600 Millionen Dollar geschätzt.

122/123 Xeres. Die andalusische Stadt Jerez de la Frontera verdankt ihren Ursprung den Phöniziern, die sich dort um 1100 v. Chr. niederließen. Damals hieß der Ort «Shera» und behielt diesen Namen auch unter der Herrschaft der Griechen bei. Erst als die Römer 206 v. Chr. in das Gebiet eindrangen, verwandelte sich der Name in «Cerit» oder «Ceritium». In diesem Zusammenhang ist es ferner interessant zu bemerken, daß Andalusien seinen Namen erst im Jahr 409 n. Chr. durch die Barbaren erhielt, genauer genommen durch den Stamm der Vandalen, die dem Gebiet den Namen «Vandalusia» verliehen. Als später die Mauren des Kalifats von Córdoba das «Cerat» der Westgoten eroberten, verwandelte sich der Name in «Xeres», was auf arabisch «skeris» ausgesprochen wird; daraus läßt sich dann mit einiger Sicherheit der Ursprung für die Benennung des Weines aus diesem Gebiet ableiten, der nach englischer Art zunächst «Sheris», seit 1508 aber «Sherry» genannt wird. Der Name des Weines ist also rein geographischen Ursprungs, denn seine charakteristischen Eigenschaften sind eindeutig durch den Boden und das Klima der Umgebung von Jerez bedingt. Dabei kann man sich eines Lächelns nicht erwehren, wenn man bedenkt, daß der Xeres-Wein seinen Namen also den Mauren verdankt, denen aber der Koran den Genuß jeder Art alkoholischen Getränks untersagt.

Die eigentliche Geschichte des heutigen Xeres beginnt wahrscheinlich mit dem Jahre 1264, als Alfons X. – genannt der Weise – Jerez eroberte, wo er seine Kavallerie einquartierte und dort die Grenzlinie zwischen den Gebieten der Christen und der Mauren zog. Während eines Jahrhunderts hatte Jerez sich dann gegen zahlreiche Angriffe der Mauren zu wehren, was König Juan I.

veranlaßte, der Stadt 1380 den Namen Jerez de la Frontera (Jerez, die Grenzstadt) zu geben. Aber schon Alfons der Weise hatte den Weinbau gefördert und dafür gesorgt, daß die Weingebiete rund um Jerez erweitert wurden. In England war dieser Wein bereits im Mittelalter bekannt. Er war schon damals süß, hatte aber noch nicht die Qualitäten der verschiedenen Sorten, die man heute kennt und schätzt. Der süße Geschmack dürfte seine Erklärung in dem erwähnten Alkoholverbot bei den Mauren finden, die den gewonnenen Traubensaft durch Erhitzen in einen ungegorenen dicken Sirup verwandelten. Es soll zu jener Zeit jedoch auch Brauch gewesen sein, den Sirup in den Wein zu mischen, um ihn zu versüßen.

Die Bewohner von Jerez waren es auch, die Christoph Kolumbus bei den Vorbereitungen zu seiner Indienfahrt von 1492 halfen. Besonders der Mönch Jorge de Santiago, Prior des Klosters der Merced, sorgte für die Verköstigung der Expedition. Und im Jahre 1493 stifteten die Bürger der Stadt Getreide für die zweite Fahrt des Christoph Kolumbus.

Heute sind die Bodegas die große Attraktion von Jerez. Es handelt sich um große Gebäude, die man Weinpaläste nennen könnte und in denen der Xeres in Fässern gelagert und gepflegt wird und zum späteren Genuß der Liebhaber in der ganzen Welt altert.

124 Es ist dies eine typische Landschaft von Südandalusien, an der Straße von Sevilla nach Cádiz gelegen, in der Nähe von Jerez de la Frontera. Hier sieht man kahle Berge, an deren Hängen Getreide und Wein angebaut werden. Am späten Nachmittag begegnet man oft Gruppen von jungen Frauen, die nach einem arbeitsreichen Tag auf dem Felde auf ihren Fahrrädern heimkehren. 10

109
110

111 112

113

114

115

116

117 118

125–131 Die Corrida. Die Corrida beginnt immer pünktlich auf die im Programm angegebene Minute. Meistens findet sie am Nachmittag um fünf Uhr statt; zu dieser Stunde liegt die Hälfte der Arena im Schatten, während die andere Hälfte von der Sonne überflutet ist. Das Programm eines Nachmittags sieht gewöhnlich die Tötung von sechs Stieren vor, je zwei durch einen Matador, der durch das Los bestimmt wird. Die «lidia», d.h. der Kampf des Matadors, mit jedem Tier muß zwanzig Minuten dauern. Eine Corrida wird durch den «paseo de las cuadrillas» eingeleitet, auf dem die einzelnen Mannschaften dem Publikum vorgestellt werden. Allen voran treten die «Alguaciles» in ihren Kostümen aus der Zeit Philipps II. in die Arena, und ihnen folgen, begleitet von der traditionellen Musik eines «paso doble», die drei «espadas», die Matadoren, worauf die «peones», «banderilleros» und «picadores» folgen; den Abschluß des Zuges bilden die Maultiergespanne, die den getöteten Stier später aus der Arena ziehen sollen.

Der «paseo» bildet in seiner Großartigkeit und Farbenpracht das ästhetisch schönste Bild, aber die Spannung beginnt in dem Augenblick, wo ein Trompetenstoß den ersten Stier ankündigt, den ein «espada» oder einer seiner «peones» in der Arena empfängt. Greift der Stier mit einer gewissen Verve die rote «capa» an, wird er vom Publikum «toro bravo», ein mutiger Stier, genannt; trägt er jedoch eher eine gewisse Gleichgültigkeit zur Schau, gehört er zu den «mansos», den friedlichen Tieren. Nun lädt der Matador den Stier zu einigen besonders schönen und eindrucksvollen Passagen ein, den «veronicas», die lediglich eine Einleitung zur eigentlichen «lidia» sind. Diese spielt sich in drei «suerte» genannten Teilen ab, nämlich den «varas», die von den

«picadores» ausgetragen werden, den «banderillas», und schließlich der «suerte suprema», der Tötung des Stieres.
Die «picadores» lassen sich von den unvermeidlichen Auspfiffen des Publikums keineswegs erschüttern; es hat von den Berichterstattern den Beinamen «respetable» erhalten und ist bei jedem Stierkampf der Meinung, daß die «picadores» allzu häufig Gebrauch von den «picos» machen und damit die Möglichkeiten des Stieres zu sehr beeinträchtigen. Tatsächlich ist die «suerte de varas» auch unbeliebt, aber leider notwendig, denn wenn die Kampfeswut des Stieres nicht von den «picadores» gemindert würde, könnte der Matador schwerlich «torear», den Endkampf, übernehmen.
Nach den «picos» folgen die «banderillas», d.h. drei Paare von Stäben, die mit bunten Papierschleifen geschmückt und mit einem Widerhaken an der Spitze versehen sind. Sie werden von den «peones» und «banderilleros» oder manchmal vom Matador selbst in den Nacken des Stieres gestoßen. An dieser Phase der Corrida nimmt das Publikum den lebhaftesten Anteil während des ganzen Schauspiels.
Sobald die sechs «banderillas» im Nacken des Stieres stecken, kündigt ein neuer Trompetenstoß die dritte und letzte «suerte» an, die man auch «tercio» nennt. Von diesem Moment an steht ein Mensch allein auf der großen Sandfläche des «redondel», der Arena, dem Tier gegenüber. Durch den «diestro» wird dieser Endkampf einer bekannten Persönlichkeit, einer Dame oder auch dem Publikum gewidmet, was man auch das «brindis» nennt. Der Matador beginnt mit der «muleta», einem Stück Stoff, das röter, aber kleiner ist als die «capa» zu Beginn der Corrida und das den Matador zur «faena» verpflichtet,

während der er seine Kunst beweisen muß. Gewöhnlich beginnt er mit den «naturales», während deren er mit geschlossenen Füßen und unbeweglichem Körper den Stier lediglich mit dem Tuch in der linken Hand provoziert. Das Spiel wird mit mehreren andern «pasos» fortgesetzt, die je nach dem Glück und der Geschicklichkeit in der Durchführung die «olés» oder Proteste des Publikums, einen Tusch oder das Schweigen des Orchesters hervorrufen. Befindet sich schließlich der Stier in der günstigsten Stellung, den Kopf ruhig

zu Boden gebeugt, während zwischen den Schulterblättern genau die Stelle erkenntlich wird, in die das Schwert eindringen muß, dann vollführt der Matador die mutigste und erregendste Tat: die Tötung.

Das kann mit einem einzigen Schwertstoß geschehen. Manchmal muß ein «descabello» den Akt vollenden, das ist ein letzter Gnadenstoß mit einem kürzeren Schwert. Sind weitere Schwertstöße erforderlich, bevor das Tier endgültig besiegt niederstürzt, dann hat der Matador, auch wenn er die «faena» gut durchgeführt hat, versagt. Für die «aficionados» bedeutet dies «una mala tarde», einen schlechten Nachmittag. Hat er hingegen die Tötung mit Eleganz vollzogen, erteilt der Präsident der Corrida auf Verlangen des Publikums, das zu diesem Zweck mit Taschentüchern winkt, dem Matador die übliche Belohnung: ein oder beide Ohren des getöteten Tieres oder sogar den Schwanz. Mit diesen Beutezeichen ausgestattet, macht der siegreiche Matador unter dem Beifall der Menge seine Runde in der Arena, in die ihm das begeisterte Publikum Kopfbedeckungen, Blumen, Zigarren, Weinkrüge und sogar Damenschuhe zuwirft. Selbst der tote Stier wird je nach dem Mut, den er bewiesen hat, von Beifall oder Pfeifen begleitet, wenn ihn die Maultiere aus der Arena ziehen.

Dieses Spiel wiederholt sich an einem Nachmittag noch fünfmal. Die Reihenfolge des Schauspiels bleibt stets dieselbe, aber die Durchführung ist jedesmal anders und voller Überraschungen. Brilliert einer der drei Matadore besonders über seine beiden Rivalen, tragen ihn schließlich die jüngsten und begeistertsten «aficionados» im Triumphzuge durch das große Eingangstor der Arena hinaus bis zu seinem Hotel.

126
127

129
130

132–134 Córdoba liegt etwa 100 m über dem Meeresspiegel an der großen Verbindungsstraße Madrid–Cádiz. Es ist eine der ältesten Städte Spaniens, deren Ursprung bis in die Vorgeschichte zurückgeht. Im Jahre 152 v. Chr. wird Córdoba als römische Stadtsiedlung vom Rang einer Colonia Patricia und als Hauptstadt des Hispania ulterior erwähnt. Durch den Philosophen Seneca übte es damals einen Einfluß auf die Geschichte des ganzen Römischen Reiches aus. Im Mittelalter hingegen ist Córdoba vom 8.–11. Jahrhundert Hauptstadt des muselmanischen Spanien und Hof des Kalifats im Abendland. Dort blühen Wissenschaft und Kunst, zu deren Entwicklung Islam, Christentum und Judentum in friedlicher Koexistenz beitragen und deren Ausstrahlung sich bis nach Nordafrika verfolgen läßt.

Die Straßen der Stadt sind weiß und saubergehalten, die Luft ist voll angenehmer Düfte, und Sonnenlicht und Schatten bilden scharfe Kontraste. Nicht nur ihr wichtigstes Baudenkmal, die Moschee, ist sehenswert, sondern auch ihre Patios, die Balkons voller Blumen, die unzähligen Gassen und geheimen Winkel, die man entdecken kann.

Die Moschee ist allerdings der reinste Ausdruck der Kalifenkunst. Ihr Bau wurde Mitte des 8. Jahrhunderts unter Abderraman I. begonnen und nach zahlreichen zusätzlichen Vergrößerungen gegen Ende des 10. Jahrhunderts unter der Herrschaft des Günstlings Almanzor fertiggestellt.

135/136 Die Capilla Mayor, also die Kirche der Christen, bildet eine Enklave im Herzen der Moschee. Sie hat ein wohlausgewogenes hohes, von Licht durchflutetes Hauptschiff. Der Bau dieser Kirche wurde unter Karl V. im Jahre 1523 begonnen, aber erst 1766 mit dem Chor und seinem Gestühl vollständig beendet. Die lange Bauzeit erklärt den uneinheitlichen Baustil; ursprünglich war die Kirche im Spitzbogenstil geplant, doch sind auch Bauteile im Plateresken- und Herrera-Stil, ja sogar barocke Elemente hinzugekommen. Der Aufsatz des Hauptaltars aus rotem Marmor ist mit Malereien von Palomino versehen. Das Gestühl wurde von dem französischen Bildhauer Michel Verdiguier im Stil des «Churriguerismus» geschaffen, während der Chor, ein Werk des sevillanischen Bildhauers Pedro Duque Cornejo, aus dem 18. Jahrhundert stammt.

137–140 Granada ist eine Stadt besonderer Art und liegt in einer sehr abwechslungsreichen Landschaft. Man könnte behaupten, Granada sei nicht ein Produkt der arabischen Kultur oder Zivilisation, sondern habe sich seine eigene Kultur geschaffen und geformt, die ihrerseits die Entwicklung der arabischen Zivilisation auf einer humanen Basis ermöglichte. Die Araber, welche als Nomaden und Krieger auf der Iberischen Halbinsel vordrangen, waren rauhe und harte Männer, die von einem unbändigen Glaubensfanatismus getrieben wurden. Als die Katholischen Könige ein paar Jahrhunderte später die Stadt zurückeroberten, fanden sie hingegen sinnliche, empfindsame, grüblerische Schwelger vor, die sich an der Betrachtung des Schönen, der Kunst und der Natur ergötzten.

Granada hat gleichsam ein Janushaupt, halb arabisch, halb christlich, und darin liegt seine Besonderheit. Steht man auf dem Hügel der Alhambra, blickt man weit ins Land bis zur mächtigen Gebirgsmasse der Sierra Nevada mit ihren ewigen Schneekuppen, zu deren Füßen bis hinunter zum Mittelmeer sich fruchtbares Land erstreckt. Auf dem Nachbarhügel, der von der

Alhambra durch eine tiefe Schlucht mit dem Flußbett des Darro getrennt ist, liegt El Albaicin. Mit seinen engen Gassen und kleinen Häusern, die alle ihren kleinen Generalife, ihre Blumengärten, freundliche Patios und einen Springbrunnen haben und von denen aus man die Sierra und die Alhambra sehen kann, verkörpert dieser Teil der Stadt das echte, bezaubernde Granada. Die Alhambra selbst ist eine Palaststadt, die im Schutz von zahlreichen Türmen und Festungsmauern auf dem Hügel gleichen Namens liegt. Ursprünglich war sie als Festung geplant, doch im Jahre 1238 beschloß der erste König der Nasrides-Dynastie, der sich Alhambra nannte, seinen Hof vom Albaicin, dem Kernstück der muselmanischen Kolonie, auf den Nachbarhügel zu verlegen. Zur Zeit, da sich die Araber vor dem Ansturm der christlichen Kriegstruppen mehr und mehr nach Südspanien zurückziehen mußten, stieg die Bevölkerungszahl in Granada stark an, welches bald das Zentrum des letzten Gebietes unter muselmanischer Herrschaft in Spanien wurde.
Die Alhambra besteht aus drei Teilen: der Alhambra selbst, dem Palast mit den Gärten des Partal und schließlich den Türmen mit dem Secano. Von Wehrtürmen und Schutzwällen umgeben, bildet die königliche Residenz einen unbeschreiblichen Kontrast zu ihrer ungemein zart wirkenden landschaftlichen Umgebung. Die Patios und die einzelnen Palastsäle sind in ihrer architektonischen Konzeption Ausdruck eines besonderen Temperaments, eines individuellen Lebensstils; alles ist hier auf das Wirken und Leben der Menschen abgestimmt, die darin wohnten. Die Ausstattung des Thronsaales im Torre de Comares weist die seiner Aufgabe entsprechende Pracht auf; die Saaldecke ist aus farbig bemaltem Holz und stellt das Firmament mit seinen

Sternenbildern dar; durch die breiten Kreuzfenster schweift der Blick frei über das Land bis zum fernen Horizont. Zu Füßen des Torre de Comares breitet sich die Wasserfläche der Alberca im Patio der Arrayanes aus, in der sich der stattliche Turm spiegelt. Die Natur scheint hier von geometrischen Linien eingefangen zu sein, hat aber nichts von ihrem geheimen Zauber verloren. Man möchte sogar sagen, daß das Zusammenspiel von Licht, Wasser und Horizont dadurch noch stärker zur Geltung kommt.
Der Löwenhof und seine Anlagen waren einst für die private Zurückgezogenheit des Königs geschaffen worden. Alles ist auf Ordnung, Ruhe, Schönheit, Pracht und Genuß abgestimmt. Ein durch den Patio gedämpftes Licht, das sich in den schmalen, im Boden künstlich angelegten Kanälen widerspiegelt, dringt in die Gemächer. Die Decken in den Sälen der Dos Hermanas, der Abencerrajes und der Reyes sind mit sehr feinen Blattverzierungen, die Wände mit zarten Arabesken geschmückt.

141 Die andalusischen Patios, offene Innenhöfe, lassen sich aus dieser Gegend Spaniens nicht fortdenken. Zu ihren Hauptmerkmalen gehören die weißgekalkten Hausmauern ringsum, die mit Kletterpflanzen umrankten Lauben und der Brunnen. Überall, auch vor den Fenstergittern und auf den Balkons, wachsen Blumen. Im Frühling wirkt solch ein Patio wie ein farbenprächtiges Feuerwerk.

133 134

142 In Sevilla verdient die Giralda besondere Beachtung. Dieses Minarett wurde 1184 auf den Fundamenten eines alten römischen Bauwerks errichtet. Seine vier Kugeltürmchen stammen aus dem Jahre 1198. Nach der Eroberung Sevillas durch Ferdinand den Heiligen verlieh der kordobesische Architekt Hernan Ruiz dem Turm in den Jahren 1560–1568 seine endgültige Gestalt. Damals erhielt er den Glockenturm mit seinen 25 Glocken, der von der riesigen Statue des Glaubens, die als Wetterfahne dient, gekrönt ist. Diese Statue heißt im Volksmund «el giraldillo», woraus sich dann der Name Giralda für das ganze Bauwerk abgeleitet hat.

143 Das antike Hispalis liegt in einem Tal am linken Ufer des Guadalquivir und wurde von den Römern Betis genannt, ein Name, der später auf die fruchtbare Tiefebene in Andalusien übertragen wurde. Die eigentliche Stadt erstand im Mittelalter, und bei ihrer Planung wurde offenbar vor allem daran gedacht, die Bewohner vor der direkten Wirkung der starken Sommerhitze zu schützen. So entstand jenes Labyrinth von kleinen Plätzen, engen Gassen und Durchgängen, die dem Besucher immer neue Überraschungen und unerwartete Ausblicke bringen. Die Häuser sind hier meist von einer einzigen Familie bewohnt; ihre Fassaden sind alle kalkweiß gestrichen, auf den Balkons blühen auch hier Pflanzen und Blumen.

144, 148 Auf der Stelle, wo ehemals die im 15. Jahrhundert niedergerissene große Moschee von Sevilla stand, erhebt sich heute die berühmte Kathedrale. 116 m lang und 76 m breit, ist sie nach Sankt Peter in Rom und Sankt Paul in London die drittgrößte Kirche der christlichen Welt. Es wird berichtet, daß bei den Beratungen über die Errichtung dieses Gotteshauses ein Mitglied der

Stiftsversammlung ausrief: «Laßt uns eine Kirche bauen, die so groß ist, daß man uns für Verrückte hält!» Wie dem auch gewesen sein mag, man begann mit dem Bauen zu Anfang des 15. Jahrhunderts. Die Kirche besteht aus fünf riesigen Langschiffen im gotischen Stil und einem Querschiff, in dem sich hinter herrlichen schmiedeeisernen Chorschranken die Capilla Mayor, die Hauptkapelle, befindet.

145 Der Stierkampf ist im Alltag Sevillas gegenwärtig.

146 Das Krankenhaus der Caridad, der Barmherzigkeit, wurde von Miguel de Mañara Mitte des 17. Jahrhunderts gegründet. Es beherbergt heute bedeutende Kunstschätze, wie das große Altarbild «Die Grablegung», ein Meisterwerk von Pedro Roldán. Ferner findet man hier eine wertvolle Sammlung von Gemälden Murillos sowie zwei besonders charakteristische Malereien von Valdés Leal, die auch zu seinen düstersten Werken gehören; über sie soll Murillo gesagt haben, man müsse den Atem anhalten, um sie anzuschauen.

147 Die Casa de Pilatus ist der Prototyp des andalusischen Palastes. Der Bau wurde Ende des 15. Jahrhunderts begonnen und im Jahre 1519 von Don Fadrique de Ribera, dem ersten Marquis von Tarifa, fertiggestellt, als er von einer Reise nach Jerusalem zurückkehrte. Der Name des Palastes beruht auf einem Volksglauben, wonach Don Fadrique den Palast nach dem Vorbild des Gerichtshofes der römischen Statthalter in Jerusalem errichtet haben soll. Dennoch kann man nicht bestreiten, daß der Innenhof mit seinem überaus eleganten Brunnen und den beiden Zierstatuen der Minerva das schönste Bauwerk der spanischen Renaissance ist.

149 Madonnenbild an einer Häuserfront.

150–154 Feria in Sevilla. Wenn man den Gelehrten glauben darf, gehen die Ursprünge der Feria de Sevilla auf das Jahr 1254 zurück, als König Alfons der Weise der Stadt Sevilla das Recht verlieh, in der Feria genannten Straße zwei große Märkte abzuhalten, im April den Pferdemarkt und im September den Viehmarkt. Später geriet dieser Brauch jedoch wieder in Vergessenheit, bis 1847 Königin Isabella II. auf Ansuchen des Stadtrates von Sevilla die jährlich im April stattfindende Feria wieder einführte, die dem allgemeinen Handel von Pferden, Stieren und anderem Vieh gleichzeitig offenstand. Damals tauchten zum ersten Mal die Carretelas auf, ausgeschmückte Pferdekutschen, die von Reitern in festlichen Stadt- und Landkostümen geführt wurden. So entwikkelte sich aus dem ursprünglichen Handelstreffen im Laufe der Zeit ein großes Volksfest. Wer sich heute auf die Feria begibt, nimmt an einem atemberaubenden Schauspiel teil. Am Nachmittag finden hier die besten Stierkämpfe des Jahres statt, und wer sich besonders für Stiere interessiert und sich mit dem Geheimnis vertraut machen will, das sie umgibt, der kann schon am frühen Morgen zur Venta Real gehen, um die Tiere im Hof neben der Arena zu begutachten.

Je näher die Stunde des Kampfes rückt, um so lauter und heftiger wird diskutiert darüber, wie dieser oder jener Stier sich verhalten wird, wenn er unter dem Beifall oder den Pfiffen eines Publikums kämpfen muß, das die herrliche Plaza de España bis auf den letzten Platz füllt. Jeder vertritt eine andere Ansicht, wobei selbstverständlich auch so manches Glas geleert, der erste Xeres und die erste Manzanilla des Tages probiert werden. Doch darf man nicht zu lange in den rauchigen Tavernen verweilen, wenn man nicht die große Pa-

PLAZA DE TOROS DE
SEVILLA
Empresa: PAGES
14 CORRIDAS DE TOROS
de ABONO
7 TOROS. 7
BOMBITA
ROMERO - HERNANDO - MARCELINO
VARGAS
RIVERITA - ROJAS - MARCELINO
6 TOROS. 6
ANGEL TERUEL
MIGUEL MARQUEZ
y RAFAEL TORRES
MIGUELIN
Beca BELMONTE
y Manolo CORTES
Curro ROMERO
ANGEL TERUEL
Ruiz MIGUEL
Curro ROMERO
VALENCIA
y Curro RIVERA
Manolo CORTES
Ruiz MIGUEL
José Luis PARADA
DIEGO PUERTA
Palomo LINARES
y Curro RIVERA
DIEGO PUERTA
EL CORDOBES
y RAFAEL TORRES
LIMEÑO
EL CORDOBES
José Luis PARADA
MIGUELIN
Palomo LINARES
MARQUEZ
Angel Peralta
Rafael Peralta
Alvaro Domecq
y José S. Lupi
JEREZANO
Rafael ROCA
y Antonio BAREA
7 TOROS. 7
Limeño
Hernando
y El Hencho
La Ina
FUNDADOR

146 147

A. MORILLA
LIMOSNA

152

153

rade verpassen will. Wie soll man dort die Schönheit der Amazonen in ihrer vornehmen Haltung, die Kraft und Eleganz der Kavaliere beschreiben, die ebensoviel Rasse verraten wie ihre vollblütigen Pferde? Wie die Farbenpracht der Spitzenblusen und Kleider, auf denen Gold- und Silberschmuck glänzen? Unnachahmlich ist der Stolz der Kinder, die gleich ihren bewunderten Vorbildern schon die Peitsche schwingen und den unterm Kinn festgebundenen Hut schräg auf dem Kopf tragen. Den Reitern folgen unzählige Kutschen, jede auf ihre Weise ausgeschmückt, eine schöner als die andere; jede ruft Bewunderung hervor, jeder Kutscher amüsiert das Publikum, jedes Gefährt verdient ein Kompliment. Langsam zieht der Zug durch die Straßen, zwei Stunden lang, drei Stunden, und Zehntausende von Sevillanern bilden das Ehrenspalier, rufen ihre «piropos», diskutieren über Einzelheiten, freuen sich an etwas Neuem.
Ist der Aufzug vorüber, zerstreut sich die Menge ohne Eile. Nun erwarten die Bodegas und die Buñolerías – offene Stände, an denen man in Fett gebackene Krapfen erstehen kann – ihre Gäste. Man kann sich nicht satt essen an den Tapas, kleinen schmackhaften Imbißproben, die zwei Mittagessen aufwiegen, und genießt dazu die spritzigen, goldfarbenen Weine Andalusiens. Jeder Sevillaner ist ein eingefleischter Nachtbummler; erst nachts wimmelt es von Leuten in den Casetas (eine Art Zeltstand), werden die Tänze wilder und lassen die Flamenco-Lieder selbst die alten Steinmauern erzittern, die die Hitze des Tages ausströmen.
Während der Feria bilden die Casetas eine Stadt für sich. Ärmlich oder prunkvoll ausgestattet, großräumig oder klein und eng, bestehen sie nur,

solange die Feria dauert. Doch während dieser wenigen Tage sind sie der Schauplatz und die Seele eines riesigen Getümmels. Alle und alles trifft hier zusammen: der Kuchenbäcker und der Weinhändler, die Wahrsagerin und der Gaukler, der Schwindler und der unschuldige Trottel, der Bauer und der junge Geck, der Schäfer und der Priester, Kinder, Mütter, Großväter, und alles singt und tanzt bis zur Erschöpfung. Hier kann man die vielseitigsten Ausdrucksformen des Flamenco, Fandango, der Seguidilla, des Zapateado, der Burlerías, Zambras und Sevillanas kennenlernen. Wohl nirgends sonst in Spanien kommt diese Folklore so echt und so spontan zum Ausdruck.

Was ist eigentlich eine Caseta? Was geht dort vor? Im Grunde gleichen sie jenen alten Patios von Sevilla, wo warmer Schatten den Eintretenden empfängt und ihn in eine Atmosphäre von Freundschaft und Intimität aufnimmt, nach der man sich später immer wieder sehnen kann. Die Caseta ist stets zum Bersten voll von Frauen und Männern in ihren schönsten Kostümen, alten, von den Vorfahren ererbten Mantillen, Festkleidern, die man nur für ganz besondere Gelegenheiten hervorholt...

155–158 Flamenco. Unter dem Gesang des Flamenco versteht man verschiedenartige, von der andalusischen Tradition geprägte Gesänge, die sich stets erneuern und durch jeden Sänger einen neuen Ausdruck bekommen können. Einer Klage, einem Schrei, einem Schmerz kann er mit dem Wort, einem persönlichen Akzent oder einem bestimmten Rhythmus eine neue musikalische Bedeutung verleihen. Die Kunst des Flamenco-Gesanges liegt weder im Wohlklang noch in der musikalischen Aussage an sich, sondern in der seltsamen Vollkommenheit, in dem unauflöslichen Zusammenhang einer geheimnisvollen Inspiration von Wort, Ton und Empfinden. Dieses urtümliche und zugleich gekonnte Vermögen, im Vertrauen auf eine völlig freie Musik, die sich trotz ihrer so klaren Artikulierung immer wieder selbst zerstückelt und zerreißt und so jedesmal nach einem vertrauten Thema neu erfunden wird, den Schmerz des Augenblicks herauszuschreien, grenzt ans Wundersame. Bis heute ist der Ursprung des Flamenco ungeklärt, doch nimmt man an, daß er aus dem Orient stammt. Dieser Gesang der Verzweiflung, gepaart mit einem frenetischen Tanz, ist Ausdruck aller Verfolgten, der letzten Mauren, der Zigeuner, der Juden und der abtrünnigen Christen. Daher mischen sich im Flamenco weltliche und religiöse Elemente der arabischen, jüdischen, indianischen wie auch der christlichen Musik mit dem feurigen Temperament der Zigeuner. Die Bildfolge über den Flamenco zeigt den «Corral de la Morería» mit El Camborio.

Die meisten Flamenco-Sänger haben nie eine Gesangsschule besucht, sondern stammen aus irgend einem andalusischen Dorf. Sie führen lediglich die künstlerische Tradition der Familie und der Heimat fort, die durch die persönliche Weitergabe immer neu bereichert wird. Der Tanz ist meist nur eine Begleitung zur Gitarrenmusik, die eine Ganzheit in sich ist, wenn sie, wie Antonio Machado in einem Gedicht schrieb, «mehr aussagt, als sie erklingen läßt».

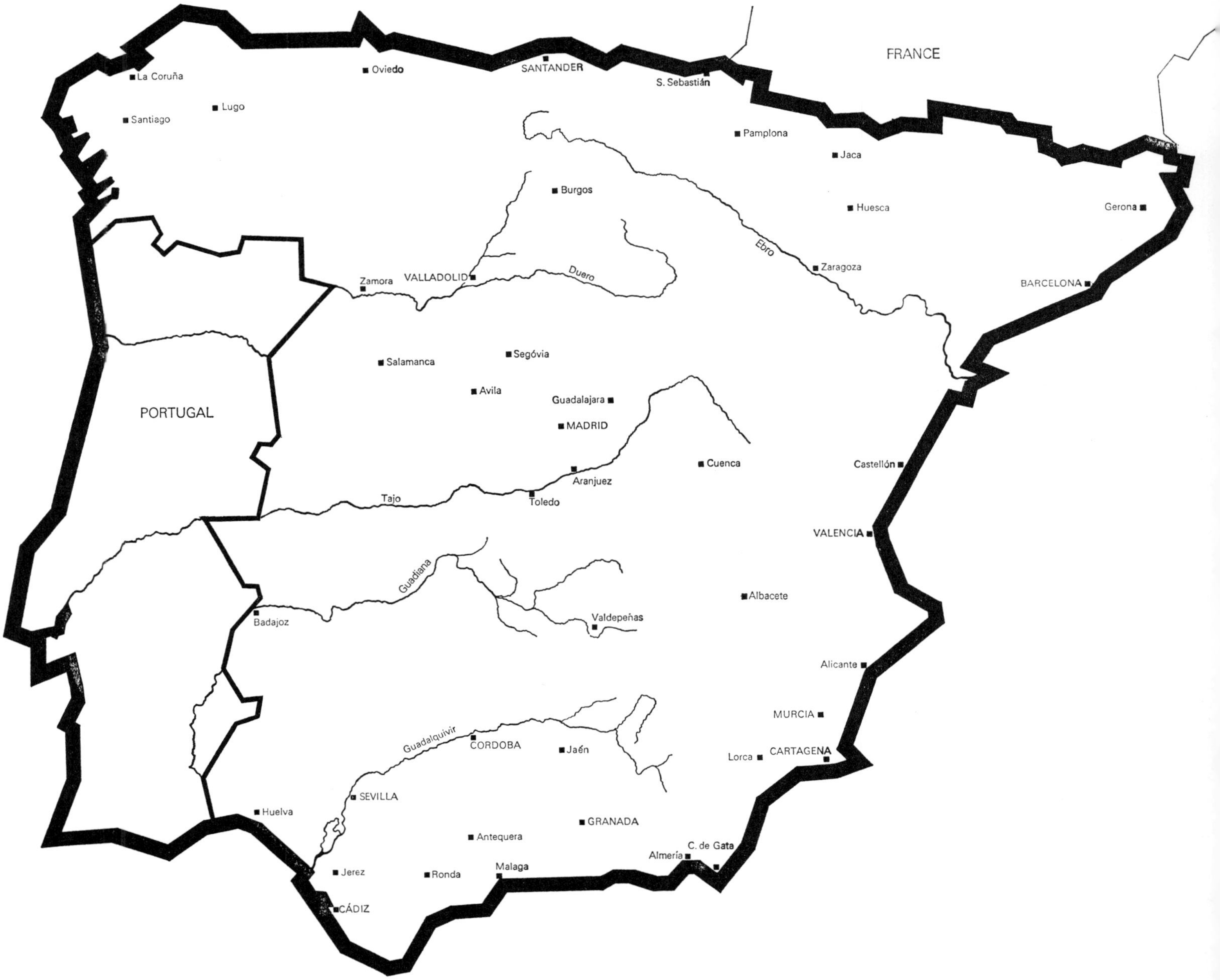
FRANCE
La Coruña
Oviedo
SANTANDER
S. Sebastián
Santiago
Lugo
Pamplona
Jaca
Burgos
Huesca
Gerona
Ebro
Zaragoza
Zamora
VALLADOLID
Duero
BARCELONA
Salamanca
Segóvia
Avila
Guadalajara
PORTUGAL
MADRID
Cuenca
Castellón
Aranjuez
Tajo
Toledo
VALENCIA
Guadiana
Albacete
Badajoz
Valdepeñas
Alicante
MURCIA
Guadalquivir
CORDOBA
Jaén
Lorca
CARTAGENA
SEVILLA
Huelva
Antequera
GRANADA
C. de Gata
Almería
Jerez
Ronda
Malaga
CÁDIZ

Die Bildlegenden wurden von Fulvio Roiter verfaßt und von Hanna Wulf ins Deutsche übertragen. Der Photograph Fred Mayer, Zürich, stellte uns freundlicherweise die Aufnahmen Nr. 7, 8, 34, 37 und 81 zur Verfügung. Die Zeichnungen stammen von Hugo Pratt, Venedig. Heinz von Arx, Stäfa, besorgte die Gesamtgestaltung in Zusammenarbeit mit Fulvio Roiter. Den Bildteil druckte die Tiefdruckanstalt Imago, Zürich, den Textteil die Firma Regina-Druck, Zürich. Den Einband führte die Buchbinderei Burkhardt, Zürich, aus.